Janina Linn

Pferdegestützte Trainings als Methode
zur Kompetenzentwicklung für Change Manager

Eine Analyse am Beispiel
einer konkreten Trainingskonzeption

BEITRÄGE ZUR ANWENDUNGSORIENTIERTEN UNTERNEHMENSFÜHRUNG
Band 4: Herausgegeben von Christoph Berg und Jürgen Deters

BEITRÄGE ZUR ANWENDUNGSORIENTIERTEN UNTERNEHMENSFÜHRUNG

Schriftenreihe der Europäischen Fernhochschule Hamburg

Reihenherausgeber: Prof. Dr. Jörn Altmann und Prof. Dr. Ronald Deckert

ISSN 2192-0478

Janina Linn

PFERDEGESTÜTZTE TRAININGS ALS METHODE ZUR KOMPETENZENTWICKLUNG FÜR CHANGE MANAGER

Eine Analyse am Beispiel einer konkreten Trainingskonzeption

BEITRÄGE ZUR ANWENDUNGSORIENTIERTEN UNTERNEHMENSFÜHRUNG
Band 4: Herausgegeben von Christoph Berg und Jürgen Deters

ibidem-Verlag
Stuttgart

Bibliografische Information der Deutschen Nationalbibliothek
Die Deutsche Nationalbibliothek verzeichnet diese Publikation in der
Deutschen Nationalbibliografie; detaillierte bibliografische Daten sind im
Internet über http://dnb.d-nb.de abrufbar.

Bibliographic information published by the Deutsche Nationalbibliothek
Die Deutsche Nationalbibliothek lists this publication in the Deutsche Nationalbibliografie;
detailed bibliographic data are available in the Internet at http://dnb.d-nb.de.

∞

Gedruckt auf alterungsbeständigem, säurefreien Papier
Printed on acid-free paper

ISSN: 2192-0478

ISBN-13: 978-3-8382-0324-9

© *ibidem*-Verlag
Stuttgart 2012

Printed in Germany

Vorwort der Reihenherausgeber

Mit dieser Schriftenreihe der Europäischen Fernhochschule Hamburg haben Absolventinnen und Absolventen die Möglichkeit, auf Basis ihrer Abschlussarbeiten zu veröffentlichen und damit ihre Beiträge einer breiteren Interessentengruppe aus Praxis und Wissenschaft zur Verfügung zu stellen.

Die Ausführungen können Anregungen für die eigene Arbeit in Unternehmen bzw. in Organisationen geben; beispielsweise mit Blick auf die Einführung von Managementinstrumenten. Auch fokussierte Themenstellungen können Möglichkeiten einer Übertragung auf andere Unternehmenskontexte unter Berücksichtigung der jeweils spezifischen Gegebenheiten bieten.

Wir bedanken uns an dieser Stelle sehr herzlich bei dem Autor, den Buchherausgebern für die fachliche Betreuung und dem *ibidem*-Verlag für die vertrauensvolle Zusammenarbeit und wünschen der Leserschaft eine anregende Lektüre.

Prof. Dr. Jörn Altmann   Prof. Dr. Ronald Deckert

Die Autoren vertreten stellenweise ihre eigene wissenschaftliche Position, die nicht zwangsläufig identisch sein muss mit derjenigen der Hochschule und derjenigen der Herausgeber.

Geleitwort

Unternehmen müssen sich verändern, um überlebensfähig zu bleiben. Oder sie wollen sich wandeln, um z .B. ihre Wettbewerbsposition verbessern zu können. Oft misslingen solche Veränderungen: sie bleiben stecken, versanden, werden viel aufwändiger als erwartet oder bringen nicht die erhofften Resultate. Hier ist professionelles Change Management gefragt, die Kunst, den Unternehmenswandel erfolgreich gestalten zu können.

Ein wenig gleicht das Change Management der Alchemie. Wenn man erfahrene Praktiker fragt, wie man große Veränderungsprojekte erfolgreich meistern könne, erhält man oft ähnlich verschlungene und geheimnisvolle Antworten, als hätte man vor 300 Jahren einen Alchemisten darüber befragt, wie denn Gold herzustellen sei. Der hätte gesagt: Ein bisschen von diesem Stoff, etwas von jenem und dann alles um Mitternacht an einem magischen Ort mit den richtigen Worten zu einem Ganzen fügen.

Im Falle von gelungenem Change Management würden die Experten sagen: man nehme jeweils eine große Menge Information und Partizipation, füge einen Schlag Qualifizierung hinzu und würze es punktuell mit einer Prise Zwang und Sanktion. Und dann geht es nur noch darum, in der jeweiligen Veränderungsphase für die einzelnen Unternehmensbereiche das richtige Mischungsverhältnis zu finden.

Was es aber in jedem Fall braucht, sind erfahrene Change Manager, die in der Lage sind, die Komplexität solcher Projekte zu überblicken und zu steuern. Es gibt viele Beteiligte, es gibt Suborganisationen mit mehreren Abteilungen, die jede für sich eine einzigartige Konstellation aus Produkten, Personen, Beziehungen und Prozessen darstellen und damit eine eigene Mikrokultur haben, und es gibt eine Fülle von Einflussfaktoren im Umfeld der Organisation, die auf diese einwirken.

Change Manager müssen unter anderem soziale Prozesse verstehen und geeignete Interventionen finden. Aber wie kann man diese Kompetenzen bei Change Managern fördern? Hier setzt die Arbeit von Janina Linn an. Sie wagt eine kühne These, die sie in der Arbeit sorgfältig überprüft: Die Arbeit mit Pferden kann diese Kompetenzentwicklung fördern.

Frau Linn entwickelt ein Kompetenzanforderungsmodell für Change Manager. Dem stellt sie ein speziell für Change Manager entwickeltes pferdegestütztes Seminar gegenüber. Die Übungen werden sehr sorgfältig beschrieben und mit möglichen Reflexionsfragen und Lernzielen für das Lernen unterlegt. In ihrem Schlusskapitel stellt Frau Linn Kompetenzanforderungen in den acht Kernkompetenzen und mögliche Lernziele der pferdegestützten Trainingseinheiten in Relation und arbeitet so heraus, welche der verhaltensgeankerten Kernkompetenzen mit pferdegestützten Trainings gefördert werden können und welche nicht.

Man mag der These von Frau Linn folgen oder nicht. Die Arbeit zeichnet aus, dass sie ein sehr fundiertes Kompetenzmodell für Change Manager entwickelt und dass sehr gut nachvollziehbar wird, wie die didaktische Binnenstruktur von Pferdegestützten Trainings aussieht. Damit ist die Arbeit besonders für Personalentwickler, die Trainingsprogramme planen, und Vorgesetzte, die Changeprozesse initiieren, mit Gewinn zu lesen.

Christoph Berg & Jürgen Deters

Executive Summary

Unternehmen befinden sich heute im stetigen Wandel. Da in Veränderungsprozessen vor allem der Mensch und somit emotionale Faktoren eine bedeutende Rolle spielen, sind ausgeprägte Sozial- und Persönlichkeitskompetenzen der Manager, die diese Prozesse gestalten, steuern und umsetzen, unabdingbar. Zur Entwicklung dieser Kompetenzen haben sich in den letzten Jahren Pferdegestützte Trainings, in denen Pferde als Medium und Interaktionspartner eingesetzt werden, auf dem Markt etabliert. Ziel dieser Studie ist, die Möglichkeiten und Grenzen dieser Trainings als Methode zur Kompetenzentwicklung für Change Manager aufzuzeigen.

Zunächst werden acht Kernkompetenzen eines Change Managers ermittelt und detailliert beschrieben sowie das Konzept Pferdegestützter Trainings am Beispiel des Seminaranbieters „Die Pferdeakademie" vorgestellt. Auf Basis dieser Ausführungen sowie den Grundlagen der Kompetenz und Kompetenzentwicklung werden die Rahmenbedingungen und die Entwicklungsmöglichkeiten der Kernkompetenzen eines Change Managers bewertet. Insgesamt können Pferdegestützte Trainings die Rahmenbedingungen der Kompetenzentwicklung erfüllen. Die Tiere sind durch ihre sensible Wahrnehmungsfähigkeit und ihrem ausgeprägten Sozialverhalten durchaus geeignete Trainingspartner. Die Teilnehmer können wertvolle Erfahrungen im Training sammeln, die zur Entwicklung der Sozial- und Persönlichkeitskompetenz beitragen. Die Kernkompetenzen eines Change Managers können jedoch aufgrund fehlender verbaler Aspekte nur bedingt gefördert werden.

Inhaltsverzeichnis

Abbildungsverzeichnis

Einleitung

Durch die Dynamik der Märkte und der zunehmenden Veränderungsgeschwindigkeit der internen und externen Unternehmensumwelt, sind Unternehmen in immer kürzer werdenden Abständen gezwungen auf Veränderungen zu reagieren. Eine erfolgreiche Implementierung und Umsetzung der Veränderungsprozesse ist von existenzieller Bedeutung, um dem globalen Wettbewerbsdruck dauerhaft standhalten zu können. Dennoch werden die Zielvorgaben solcher Projekte häufig nur bedingt erreicht. Schwierigkeiten entstehen vor allem durch Interessen- und Zielkonflikte.[1] In einer Studie zum Thema Change Management gaben 66 % der Befragten „Mobilisierung und Commitment sicherstellen" als wichtigsten Erfolgsfaktor an.[2] Daher scheint es besonders bedeutend den Faktor Mensch in Veränderungsprozessen zu berücksichtigen und Betroffene aktiv mit einzubinden.

Manager, die sich mit der Gestaltung und Durchführung von Veränderungsprozessen konfrontiert sehen, stehen somit vor neuen Herausforderungen. *„War es früher in erster Linie der auf hoher Fach- und Sachkompetenz beruhende professionelle Umgang mit den „harten Faktoren" [...], so werden in Zukunft die „weichen Faktoren" immer mehr das Bild beherrschen [...]."*[3] Diesen Trend haben auch zahlreiche Seminaranbieter erkannt. Das Angebot zur Entwicklung sozialer und personaler Kompetenzen ist daher vielfältig. Dazu zählt auch das Konzept Pferdegestützter Trainings, die sich vor einigen Jahren auf dem Markt erfolgreich etabliert haben. Die Besonderheit dieser

---

[1]   vgl. Deutsche Gesellschaft für Personalführung, 2010, S. 13 ff.
[2]   vgl. Capgemini Consulting, 2010, S. 21
[3]   Doppler & Lauterburg, 2008, S. 136

Trainings liegt im Einsatz der Pferde als Medium und Interaktionspartner. Das Konzept stößt jedoch auch auf Kritiker, daher ist das Ziel dieser Studie die Einsatzmöglichkeiten und Grenzen Pferdegestützter Trainings zur Kompetenzentwicklung für Change Manager kritisch zu analysieren. Hierzu wurden Medien wie Bücher, Artikel aus Fachzeitschriften, das Internet sowie Ergebnisse aus Studien und Forschungsberichten herangezogen.

Zum Einstieg in die Thematik erfolgt ein Überblick über mögliche Veränderungsprozesse in Unternehmen, dabei wird ins Besondere auf den Faktor Mensch eingegangen. Anschließend werden die wichtigsten Kompetenzen eines Change Managers herausgearbeitet und detailliert beschrieben. Dazu erfolgt zunächst ein Einstieg in die theoretischen Grundlagen der Kompetenz und Kompetenzentwicklung. Pferdegestützte Trainings werden als Entwicklungsmethode herausgegriffen und näher erläutert. Hier wird auf die Entwicklung der Pferd-Mensch Beziehung, auf die Besonderheiten des Pferdes als Trainer sowie das Konzept der Erlebnispädagogik näher eingegangen. Anschließend wird das Trainingskonzept am Beispiel des Seminaranbieters „Die Pferdeakademie" vorgestellt. Die abschließende Analyse soll dann Aufschluss über den Einsatz Pferdegestützter Trainings als Methode zur Kompetenzentwicklung für Change Manager geben. Hierzu werden die Grundlagen der Kompetenz und Kompetenzentwicklung herangezogen und analysiert, inwieweit die Kernkompetenzen im Training vermittelt werden können.

Zu Gunsten der Lesbarkeit wird nur die männliche Form verwendet, es sind aber Frauen und Männer gleichermaßen gemeint.

1. Unternehmen im Wandel

Zum Einstieg in das Thema werden in diesem Kapitel zunächst die theoretischen Grundlagen des Wandels sowie des Change Managements im Unternehmenskontext erläutert. Im Fokus liegt hier vor allem der Faktor „Mensch", der dem Umgang mit emotionalen Faktoren besondere Bedeutung verleiht und entsprechende Fähigkeiten der verantwortlichen Manager erfordert.

1.1. Veränderungsprozesse

Veränderungen sind kein neues Phänomen, neu ist vielmehr die zunehmende Intensität und Schnelllebigkeit des Wandels. Durch die Verhärtung der Markt- und Wettbewerbsbedingungen sind Unternehmen gezwungen, tief greifende und umfassende Veränderungsprozesse durchzuführen. Dieses betrifft gleichermaßen Organisation, Strategie, Kultur sowie Systeme und Technologien.[4] *„Der Innovationsdruck ist enorm, der Rhythmus, mit dem Veränderungen in das organisatorische und personelle Gefüge eingesteuert werden, atemberaubend. Geschwindigkeit wird zum strategischen Erfolgsfaktor."*[5]

1.1.1. Veränderungsbegriff

Neben dem Begriff „Veränderung" werden in der Literatur häufig auch die Begriffe „Change" oder „Wandel" verwendet.

---

[4] vgl. Vahs & Weiand, 2010, S. 1 f.
[5] Doppler & Lauterburg, 2008, S. 28

„Change" stammt aus dem Englischen und bedeutet im deutschen Sprachgebrauch „Veränderung" oder „Abwechslung".[6] Da eine Differenzierung der Begriffe für diese Studie nicht von Bedeutung ist, wird „Wandel" synonym für „Change" und „Veränderung" verwendet.

1.1.2.   Formen der Veränderung

In Veränderungsprozessen lassen sich verschiedene Inhalte bzw. Objekte des Wandels unterscheiden. Zum einen können vorwiegend harte Faktoren, wie z. B. Strukturen, Prozesse oder Strategien betroffen sein, und zum anderen weiche Faktoren, z. B. Verhalten und Werte, die im Wesentlichen eine Veränderung der Menschen im Unternehmen erfordern. Wie in Abb. 1 dargestellt, können diese Objekte in vier Formen des Wandels eingeteilt werden.

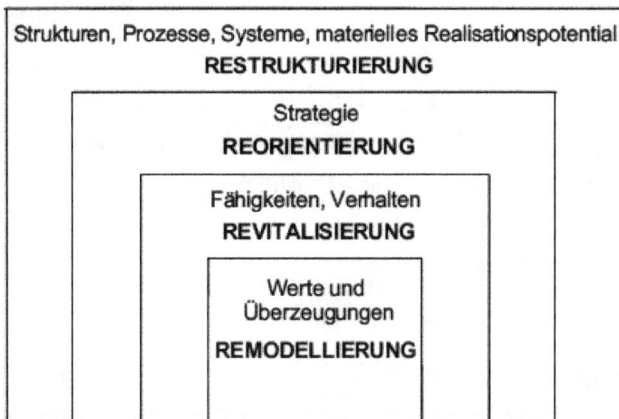

Strukturen, Prozesse, Systeme, materielles Realisationspotential
RESTRUKTURIERUNG

Strategie
REORIENTIERUNG

Fähigkeiten, Verhalten
REVITALISIERUNG

Werte und Überzeugungen
REMODELLIERUNG

Abb. 1: Objekte und Formen der Veränderung[7]

---

[6]   Change, 2002, Def. 2
[7]   vgl. Krüger, 2009, S. 56

Die Intensität des Wandels nimmt von oben nach unten zu. Die Remodellierung ist der tiefgreifendste Wandel. Er umfasst die Veränderung der Werte und Überzeugungen, die die Unternehmenskultur gestalten. Grundsätzlich können sich Veränderungen auf mehreren Ebenen gleichzeitig vollziehen.[8] Im Rahmen einer Studie der Beratungsgesellschaft Capgemini[9] schätzten 57 %[10] der Befragten Restrukturierung und Reorganisation als häufigste Form der Veränderung ein.

Der Mensch im Unternehmen ist von allen Formen des Wandels betroffen und wird somit zu einem der wichtigsten Erfolgsfaktoren in Veränderungsprozessen. Daher wird im nächsten Abschnitt auf den Faktor „Mensch" und sein Umgang mit Veränderungen näher eingegangen.

1.2. Menschen in Veränderungsprozessen

Veränderungen finden auf einer sachlogischen (z. B. Prozesse, Strategien) und einer psychosozialen Ebene (z. B. Emotionen, Werte) statt.[11] Besonders die psychosoziale Ebene wird immer wieder unterschätzt. *„Viele Manager gehen an Veränderungen eher mechanisch heran und vergessen dabei, die Menschen mit ihren Gedanken, Befürchtungen und Lösungen einzubinden."*[12]

---

[8] vgl. Krüger, 2009, S. 56 ff.
[9] Befragung von 116 Führungskräften aus deutschen, österreichischen und schweizerischen Unternehmen im Sommer 2009.
[10] vgl. Capgemini Consulting, 2010, S. 14
[11] vgl. Kiel, 2010, S. 426 f.
[12] Kraus, Becker-Kolle & Fischer, 2006, S. 18

Die Einbindung der Betroffenen sowie die Fähigkeit mit Menschen umgehen zu können und emotionale Faktoren korrekt zu deuten, ist für die erfolgreiche Umsetzung der Veränderungsprozesse jedoch unerlässlich.

1.2.1. Emotionale und psychologische Aspekte

Die Reaktion von Menschen auf Veränderungen kann durch einen kognitiv-emotionalen Verarbeitungsprozess beschrieben werden. Die kognitive Verarbeitung beinhaltet im Wesentlichen die Wahrnehmung sowie die Erklärung und Bewertung der Veränderungen. Dieser Prozess wird durch Emotionen beeinflusst. Kognitive Verarbeitung und Emotionen stehen in einer Wechselbeziehung.[13] Der Prozess lässt sich anhand eines inneren Filters beschreiben, der objektive Wahrnehmungsreize in eine subjektive Realität umwandelt. Wesentliche Faktoren, die die objektive Wahrnehmung beeinflussen, sind die Persönlichkeit sowie individuelle Erfahrungen. Das Verhalten des Einzelnen stellt somit die individuelle Reaktion auf die subjektive Realität dar. Grundsätzlich können drei Reaktionen auftreten: Zustimmung, Gleichgültigkeit und Ablehnung. Gleichgültigkeit und Ablehnung können Veränderungsprojekte ins Stocken bringen und sich zu massiven Widerstand entwickeln.[14] Die Ursachen dafür sind vielfältig.

---

[13] vgl. Kiel, 2010, S. 426 f.
[14] vgl. Rosenstiel & Comelli, 2003, S. 186 ff.

Der Autor Reiß führt die Entstehung von Widerständen auf Fähigkeits- und Bereitschaftsbarrieren zurück, die sich aus Defiziten in den Bereichen Information, Qualifikation, Organisation und Motivation ergeben. Abb. 2 verdeutlicht, dass diese Defizite durch Nicht-Kennen, Nicht-Können, Nicht-Dürfen und Nicht-Wollen gekennzeichnet sind.[15]

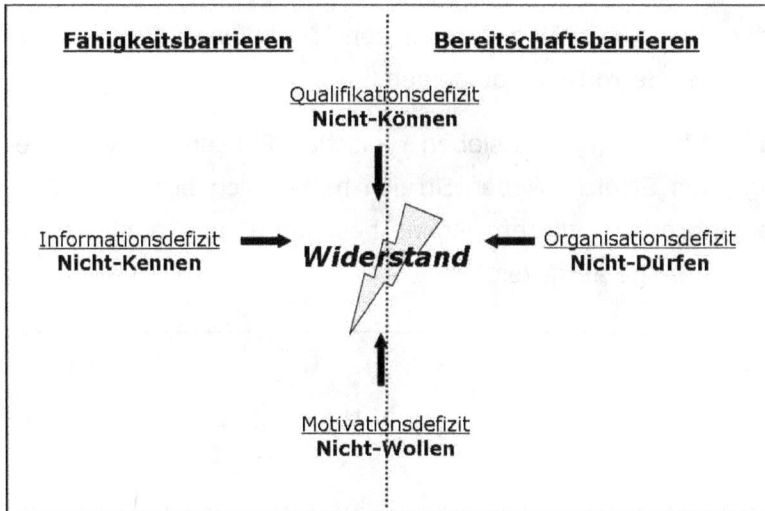

Fähigkeitsbarrieren	Bereitschaftsbarrieren

Qualifikationsdefizit
Nicht-Können

Informationsdefizit
Nicht-Kennen ➡ *Widerstand* ⬅ Organisationsdefizit
Nicht-Dürfen

Motivationsdefizit
Nicht-Wollen

Abb. 2: Widerstand gegen Wandel[16]

Die Autoren Doppler und Lauterburg nennen ähnliche Ursachen, ergänzen jedoch das Nicht-Glauben in ihren Ausführungen. In diesem Fall liegt ein Vertrauensdefizit vor. Die Betroffenen glauben dem Management nicht und lehnen den Wandel ab.[17]

---

[15] vgl. Reiß, 1997, S. 17
[16] vgl. Reiß, 1997, S. 17
[17] vgl. Doppler & Lauterburg, 2008, S. 337

Emotionen und Gefühle können die Reaktion auf Veränderungen stark beeinflussen. Im folgenden Abschnitt werden diese Reaktionen anhand eines Phasenmodells erläutert.

1.2.2. Phasen der Veränderung

Ähnlich wie in einem Trauerprozess lassen sich auch bei Veränderungen psychologische Phasen identifizieren, die die Reaktion der Betroffenen aufzeigen.

Abb. 3Abb. 3 zeigt die sieben typischen Phasen der Veränderung nach Streich. Neben Streich haben sich bereits zahlreiche Autoren mit diesem Modell beschäftigt und ähnliche Zusammenhänge aufgezeigt.[18]

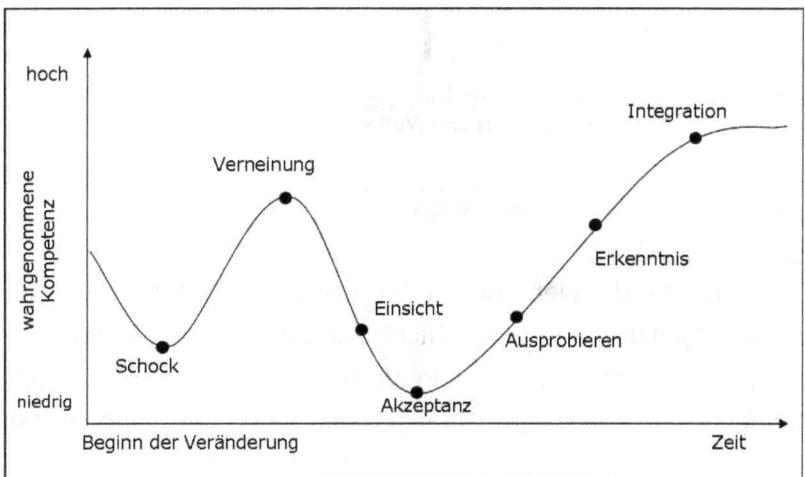

Abb. 3: Phasen der Veränderung[19]

---

[18] vgl. Kostka & Mönch, 2009; Kraus, Becker-Kolle & Fischer, 2006; Leao & Hofmann, 2009; Vahs, 2009

[19] vgl. Streich, 1997, S. 243

Als Maßstab nutzt Streich die wahrgenommene persönliche Kompetenz, die ‚ähnlich wie bei der Entstehung von Widerständen, durch die Dimensionen Können (Veränderungsfähigkeit), Wollen (Veränderungsbereitschaft), Dürfen (Veränderungsmöglichkeit) und Tun (Veränderungsdurchführung) bestimmt wird.[20]

Das Phasenmodell beginnt mit dem Eintritt des Veränderungsereignisses. Die Betroffenen erleiden zunächst einen Schock, da die alten Handlungsmuster nicht mehr funktionieren. Anschließend wird der neue Zustand bewertet. Da das gewohnte Verhalten bisher zum Erfolg geführt hat, wird die Notwendigkeit der Veränderung zunächst nicht erkannt. Die neuen Handlungsmuster werden abgelehnt. Kann diese Phase überwunden werden, erfolgt eine kritische Überprüfung der bisherigen Selbsteinschätzung. Den Betroffenen wird allmählich bewusst, dass die Veränderungen erforderlich sind. Die neue Situation versetzt sie jedoch in einen Zustand der Unsicherheit. Die wahrgenommene Kompetenz erreicht ihren Tiefpunkt. Die Notwendigkeit der Veränderung wird nun endgültig bewusst. Die Betroffenen sind bereit die neuen Verfahrens- und Verhaltensweisen zu akzeptieren. Die bisher noch fehlenden Kompetenzen werden anschließend durch eine Phase des Ausprobierens erworben. Negative Erfahrungen und Misserfolge erhöhen das Risiko des Zurückfallens in die Ablehnungsphase. Erfolge vermitteln dagegen neue Sicherheit, wodurch die wahrgenommene Kompetenz wieder steigt. Durch die Phase des Ausprobierens wurden Erkenntnisse über die Wirksamkeit der neuen Verhaltensweisen gesammelt. Abschließend

---

[20] vgl. Streich, 1997, S. 241 f.

werden diese neu erlernten Fertigkeiten und Verhaltensweisen in das aktive Handlungsrepertoire integriert und somit zur Normalität. Können diese Phasen erfolgreich durchlaufen werden, schätzen die Betroffenen ihre persönliche Kompetenz höher als zur Beginn der Veränderung ein.[21]

Die Ausprägung der einzelnen Phasen ist bei Menschen sehr unterschiedlich, da der Umgang mit Veränderungen u. a. stark von der individuellen Persönlichkeit abhängt.[22] Für Führungskräfte und Manager, die Veränderungsprozesse steuern, ist die Kenntnis dieser Phasen unerlässlich, denn nur wer den individuellen Veränderungsablauf seiner Mitarbeiter erkennt und versteht, kann entsprechende Maßnahmen einleiten und den Mitarbeiter im Prozess unterstützen.[23]

Insgesamt wurde deutlich, dass Emotionen und Gefühle die Reaktion auf Veränderungen stark beeinflussen. Daher ist es erforderlich, dass die Verantwortlichen mit diesen weichen Faktoren umgehen können, um Veränderungsprozesse erfolgreich umzusetzen. Natürlich spielen neben der Berücksichtigung der emotionalen und psychologischen Faktoren auch organisatorische Aspekte eine wichtige Rolle. Veränderungen müssen gesteuert, kontrolliert und vorangetrieben werden. Dieses erfordert ein konsequentes Change Management.

---

[21] vgl. Streich, 1997, S. 242 ff.
[22] vgl. Kraus, Becker-Kolle & Fischer, 2006, S. 119
[23] vgl. Kostka & Mönch, 2009, S. 12 ff.

1.3. Change Management

Der Begriff „Change Management" stammt aus dem Englischen und wird meistens mit der deutschen Bezeichnung „Veränderungsmanagement" gleichgesetzt. Eine allgemeingültige Definition existiert nicht. Unter Change Management werden u. a. *„alle Maßnahmen [...], die zur Initiierung und Umsetzung von neuen Strategien, Strukturen, Systemen und Verhaltensweisen notwendig sind"*[24], verstanden. Des Weiteren sind *„Veränderungsprozesse auf Unternehmens- und persönlicher Ebene zu planen, zu initiieren, zu realisieren, zu reflektieren und zu stabilisieren"*[25]. Zusammenfassend geht es also um die Planung, Gestaltung und Realisation von ganzheitlichen Veränderungen in Form von neuen Strategien, Strukturen, Systemen, Werten und Verhaltensweisen unter der aktiven Beteiligung aller Betroffenen.

In Change Projekten sind verschiedene Stakeholder zu berücksichtigen. Im Wesentlichen handelt es sich meistens um Mitarbeiter, Führungskräfte, Shareholder und Arbeitnehmervertreter. Eine wichtige Rolle nehmen die Personen ein, die die Veränderungsprozesse gestalten und steuern. Hierbei handelt es sich oft um Manager und Führungskräfte, die sich plötzlich mit dem Management des Unternehmenswandels konfrontiert sehen. Das Management von Veränderungen verlangt jedoch einiges mehr als die bisherigen Anforderungen, gefragt sind vor allem soziale Fähigkeiten. Diese Manager werden in der Literatur und im Rahmen dieser Studie als Change Manager bezeichnet. Diese sind grundsätzlich die Per-

---

[24] Gattermeyer & Al-Ani 2001, S. 14
[25] Kostka & Mönch, 2009, S. 9

sonen, die Veränderungsprozesse in Unternehmen aktiv planen, steuern, begleiten und vorantreiben.[26]

Abschließend ist festzuhalten, dass Menschen in Unternehmen von jeglicher Form des Wandels betroffen sind und somit emotionale Faktoren eine bedeutende Rolle spielen. Die Reaktion eines Menschen auf Veränderungen hängt stark von den Erfahrungen und der individuellen Persönlichkeit ab. Der Change Manager kann erheblich zum Erfolg des Projekts beitragen, indem er die Betroffenen aktiv mit einbezieht, ihre Interessen berücksichtigt und angemessen auf emotionale Aspekte reagiert. Dies geht jedoch über die üblichen Managementaufgaben hinaus und erfordert daher entsprechende Fähigkeiten, die gezielt entwickelt und gefördert werden müssen. Mit dieser Thematik befassen sich die folgenden Kapitel.

---

[26] vgl. Doppler & Lauterburg, 2008, S. 73 ff.

2. Kernkompetenzen eines Change Managers

In diesem Kapitel werden die wichtigsten Kompetenzen eines Change Managers herausgearbeitet und beschrieben. Dazu erfolgt zunächst eine Erläuterung der Grundlagen der Kompetenz. Abschließend wird auf die Rahmenbedingungen und möglichen Methoden der Kompetenzentwicklung eingegangen.

2.1. Kompetenzbegriff

Im Duden und auch im alltäglichen Sprachgebrauch wird der Begriff „Kompetenz" häufig im Sinne von „Fähigkeit" oder „Zuständigkeit" verwendet.[27] Die Kompetenzauffassung in der Wissenschaft ist jedoch weitaus umfangreicher. Dennoch existieren weder eine einheitliche Begriffsdefinition noch übereinstimmende Auffassungen. Im Rahmen dieser Studie sollen Kompetenzen als Selbstorganisationsdispositionen verstanden werden.

In der deutschen Literatur ist die Auffassung von Kompetenz in Bezug zur Selbstorganisationstheorie weit verbreitet[28]. Demnach werden Kompetenzen definiert als *„die bei Individuen verfügbaren oder durch sie erlernbaren kognitiven Fähigkeiten und Fertigkeiten, um bestimmte Probleme zu lösen, sowie die damit verbundenen motivationalen, volitionalen und sozialen Bereitschaften und Fähigkeiten, um die Problemlösungen in variablen Situationen erfolgreich und verantwortungsvoll nutzen zu können."*[29] Kompetenzen sind also selbstorganisierte Prob-

---

[27] Kompetenz, 2006, Def. 1
[28] vgl. z. B. Bergmann 2000, Erpenbeck & Rosenstiel 2007a, Heyse & Erpenbeck 2009, Kauffeld 2006, Weinert 2001
[29] Weinert, 2001, S. 27 f.

lemslösungsfähigkeiten, die nach Erpenbeck und Heyse als Selbstorganisationsdispositionen bezeichnet werden.[30] *„Sie sind die individuellen Voraussetzungen, sich in konkreten Situationen an veränderte Bedingungen anzupassen, eigene Verhaltensstrategien zu ändern und erfolgreich umzusetzen."*[31] Als Grundlage der Kompetenz werden hier Erfahrungen und Handlungsantriebe verstanden, die aufgrund interiorisierter Regeln, Werten und Normen die individuelle Handlung in offenen und komplexen Situationen bestimmen und ermöglichen.[32] Kompetenzen sind somit von Qualifikationen abzugrenzen. Qualifikationen sind Wissen, Fertigkeiten und Fähigkeiten, die zur Ausübung bestimmter Anforderungen erforderlich sind, aber allein keine selbstorganisierte Handlungsfähigkeit ermöglichen.

In Abb. 4 wird jedoch auch deutlich, dass es ohne Wissen und Qualifikationen keine Kompetenzen gäbe. [33]

---

[30] vgl. Erpenbeck & Heyse, 2007, S. 159
[31] Heyse & Erpenbeck 2009, S. XII
[32] vgl. Heyse & Erpenbeck, 2009, S. XI ff.
[33] vgl. Erpenbeck & Rosenstiel, 2007b, S. XVII ff.

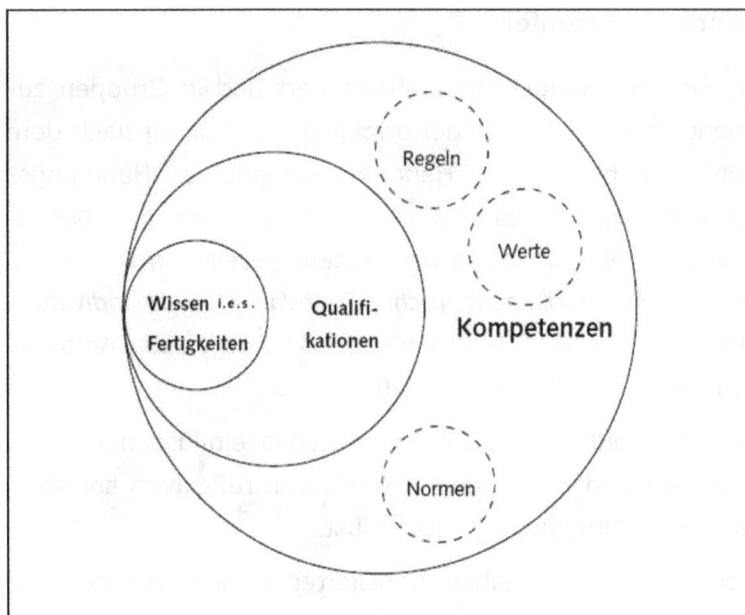

Abb. 4: Wissen, Fertigkeiten, Qualifikationen, Kompetenzen[34]

Besonders in der Pädagogik und im Bildungswesen werden Kompetenzen als kontextspezifische kognitive Leistungsdispositionen verstanden. Kompetenzen beziehen sich hier auf bestimmte Anforderungsbereiche und Handlungssituationen. Des Weiteren werden motivationale und emotionale Aspekte, also interiorisierte Wertungen, ausgeschlossen.[35] Gerade diese erzeugen nach Heyse und Erpenbeck jedoch erst die Handlungsfähigkeit. Sie nennen in diesem Zusammenhang das Beispiel des „Hochqualifizierten Inkompetenten", der trotz seines umfassenden Wissens nicht handlungsfähig ist.[36]

---

[34] Erpenbeck & Rosenstiel, 2007a, S.XII
[35] vgl. Klieme, Maag-Merki & Hartig, 2007, S. 6 f.
[36] vgl. Heyse & Erpenbeck 2009, S. XVIII

2.2. Kompetenzfelder

Häufig werden Kompetenzen strukturiert und in Gruppen zusammengefasst. In der Regel erfolgt die Einteilung nach dem Konzept der beruflichen Handlungskompetenz. Handlungskompetenz wird *„verstanden als die Bereitschaft und Befähigung des Einzelnen, sich in beruflichen, gesellschaftlichen und privaten Situationen sachgerecht durchdacht sowie individuell und sozial verantwortlich zu verhalten."*[37] Aus diesen Anforderungen ergeben sich vier Kompetenzfelder:[38]

- Persönlichkeitskompetenz: Verhaltensbeeinflussende Werte, Motive und Einstellungen sowie den reflexiven selbstorganisierten Umgang mit sich selbst.

- Sozialkompetenz: Selbstorganisierter kommunikativer und kooperativer Umgang mit anderen.

- Fachkompetenz: Selbstorganisierter Einsatz der Fertigkeiten sowie die Bewertung des Wissens zur Problemerkennung und Lösungsfindung.

- Methodenkompetenz: Selbstorganisierte Handlung, die auf die Umsetzung und Gestaltung von Absichten und Plänen ausgerichtet ist.[39]

---

[37] Sekretariat der Kultusministerkonferenz, 2007, S. 10
[38] vgl. Hülshoff, 2010, S. 74 f.
[39] vgl. Erpenbeck & Heyse, 2007, S. 159

Abb. 5 gibt einen Überblick über einige konkrete Teilkompetenzen der einzelnen Kompetenzfelder.

Persönlichkeitskompetenz	Sozialkompetenz
• Offenheit • Belastbarkeit • Glaubwürdigkeit • Flexibilität • Selbstreflexionsbereitschaft • Risikobereitschaft	• Teamfähigkeit • Einfühlungsvermögen • Kommunikationsfähigkeit • Konfliktlösungsfähigkeit • Kooperationsbereitschaft • Konsensfähigkeit
Fachkompetenz	**Methodenkompetenz**
• Allgemeinwissen • Fachwissen • Fachliche Fähigkeiten • EDV-Wissen • Sprachkenntnisse • Betriebswirtschaftliche Kenntnisse	• Analytisches Denken • Konzeptionelle Fähigkeiten • Strukturierendes Denken • Ganzheitliches Denkvermögen • Gefühl für zukünftige Entwicklungen • Kreativität und Innovationsfähigkeit

Abb. 5: Kompetenzfelder mit Teilkompetenzen[40]

In Abschnitt 2.1 und 2.2 wurden die Grundlagen der Kompetenz dargestellt und diese als Selbstorganisationsdispositionen definiert. Im nächsten Abschnitt werden konkrete Teilkompetenzen eines Change Managers herausgearbeitet.

---

[40] vgl. Erpenbeck & Heyse, 2007, S. 161

2.3. Kompetenzprofil eines Change Managers

Es wurde bereits deutlich, dass in Veränderungsprozessen der Umgang mit Menschen von zentraler Bedeutung ist. Doch welche konkreten Anforderungen werden an Change Manager gestellt? Stellenanzeigen und Seminarangeboten kann eine beachtliche Liste an erforderlichen Kompetenzen und weiteren Anforderungen entnommen werden. Ein allgemeingültiges Anforderungsprofil existiert jedoch nicht. Vielmehr kann man von einem Orientierungsrahmen ausgehen, der bestimmte Anforderungen benennt, die für die erfolgreiche Durchführung von Veränderungsprozessen erforderlich sind.[41] Gebraucht wird *„ein Mensch [...], der weiß, was im Unternehmen los ist, der nahe bei den Menschen ist, ihre Fragen aufnimmt, Orientierung vermittelt, Impulse zur Veränderung gibt – und Mut macht zur Überwindung von Schwierigkeiten."*[42] Aufgrund zunehmender Veränderungsvorhaben und Komplexität des Unternehmensumfeldes kann ein Wandel in den Anforderungen an Manager festgestellt werden. Während früher Fachkompetenz und Durchsetzungsfähigkeit am wichtigsten waren, ist heute besonders die Sozialkompetenz ein wichtiger Schlüsselfaktor.

Die Autoren Doppler und Lauterburg beschreiben die in Abb. 6 genannten Anforderungen an Change Manager.[43]

---

[41] vgl. Doppler & Lauterburg, 2008, S. 546 f.
[42] Doppler & Lauterburg, 2008, S. 83
[43] vgl. Doppler & Lauterburg, 2008, S. 73 ff.

Anforderung	Beschreibung der Autoren
Aktives Zuhören	Aufmerksamkeit entgegenbringen, verbale und nonverbale Botschaften entschlüsseln
Motivationsfähigkeit	andere überzeugen und begeistern
Konfliktfähigkeit	Konflikte konstruktiv lösen
Soziale Kompetenz	Umgang mit Menschen, soziale Wahrnehmungsfähigkeit
Glaubwürdigkeit	Vertrauensbasis schaffen
Teamfähigkeit	kompetente, kooperative Zusammenarbeit in Gruppen
Chaos-Kompetenz	in komplexen, unsicheren und widersprüchlichen Situationen handlungsfähig bleiben
Prozesskompetenz	Arbeits- und Informationsprozesse verstehen, steuern und anpassen
Strategische Kompetenz	komplexe Zusammenhänge verstehen und handlungsrelevante Konsequenzen ableiten
Systemkompetenz	ganzheitlich, vernetztes Denken, systemorientiertes Handeln
Integrationsfähigkeit	Teams bilden, leiten und entwickeln

Abb. 6: Anforderungen an Change Manager nach Doppler & Lauterburg[44]

Ähnliche Anforderungen nennen Kraus, Becker-Kolle und Fischer. Auch hier überwiegen Aspekte der Persönlichkeits- und Sozialkompetenz. Als Grundvoraussetzungen sehen sie die persönliche Veränderungsbereitschaft des Change Managers. Abb. 7 gibt einen vollständigen Überblick über die genannten Anforderungen.[45]

---

[44] vgl. Doppler & Lauterburg, 2008, S. 76 ff., 136 ff.
[45] vgl. Kraus, Becker-Kolle & Fischer, 2006, S. 108 ff.

Anforderung	Beschreibung der Autoren
Veränderungsbereitschaft	Aufgeschlossenheit gegenüber Neuem
Kommunikationsfähigkeit	klare, konstruktive Kommunikation, für Informationsfluss sorgen, aktives Zuhören
Motivations- und Begeisterungsvermögen	andere überzeugen und begeistern
Konfliktfähigkeit	Konflikte erkennen und bewältigen, konstruktiv Kritik geben und annehmen
Soziale Kompetenz	Umgang mit Menschen, soziale Wahrnehmungsfähigkeit, Bewusstsein der eigenen Wirkung
Ziel- und Ergebnisorientierung	Veränderungsprozesse trotz Interessenkonflikten ausdauernd vorantreiben und zum Ziel führen
Überzeugungskraft und Durchsetzungsvermögen	Interessen (eigene/fremde) darstellen, einbringen und vertreten
Kenntnisse im Change- u. Projektmanagement	Methodenkenntnisse, Projekte steuern und durchführen
Entscheidungsfähigkeit	Alternativen abwägen, klare Entscheidungen treffen und vertreten
Belastbarkeit	kontinuierliche Leistung trotz hoher Belastung, Komplexität und Misserfolgen
Unternehmerische Kompetenz	unternehmerisches Denken und Handeln, Chancen und Risiken erkennen, Strategien entwickeln
Führungs- und Leitungsfähigkeit	Menschen situativ führen
Konzeptionelle Fähigkeit	Konzepte entwickeln und beurteilen
Verhandlungsgeschick	Einsatz von Verhandlungstechniken und Verhandlungsstrategien unter Berücksichtigung unterschiedlicher Interessen

Abb. 7: Anforderungen an Change Manager nach Kraus et al.[46]

---

[46] vgl. Kraus, Becker-Kolle & Fischer, 2006, S. 108 ff.

In einer Studie der Beratungsgesellschaft Capgemini[47] wurde das Kompetenzprofil des „idealen" Change Managers ermittelt. 122 Führungskräfte konnten aus insgesamt 22 vorgegebenen Antwortmöglichkeiten maximal fünf Kriterien auswählen. Es lässt sich feststellen, dass sich die Meinungen der Autoren in der Capgemini-Studie größtenteils wieder finden, wodurch die Bedeutsamkeit der genannten Anforderungen untermauert wird.

Abb. 8 zeigt das vollständige Ergebnis der Befragung. Überragende Bedeutung hat die Kommunikationsfähigkeit. Weitere wichtige Aspekte sind Motivationsfähigkeit sowie Zielorientierung. Überraschend geringe Bedeutung haben Ambiguitätstoleranz[48] und Belastbarkeit.[49]

---

[47] Befragung von 122 Führungskräften deutscher, österreichischer und schweizerischer Unternehmen im Frühjahr 2007.
[48] Ertragen von Widersprüchen u. mehrdeutigen Informationen.
[49] vgl. Capgemini Consulting, 2008, S. 22 ff.

Anforderung	Antworthäufigkeit in %
Kommunikationsfähigkeit	73%
Motivationsfähigkeit (sich und andere)	61%
Zielorientierung	57%
Konfliktfähigkeit	29%
Vertrauenswürdigkeit	29%
Durchsetzungsfähigkeit	26%
Authentisches Auftreten/Selbstvertrauen	25%
Kenntnisse im Projektmanagement	25%
Einfühlungsvermögen	22%
Keine Angst vor Hierarchien	20%
Entscheidungsfähigkeit	20%
Teamfähigkeit	20%
Organisationsvermögen	17%
Moderation	13%
Lernfähigkeit/Flexibilität	12%
Ambiguitätstoleranz	12%
Belastbarkeit	11%
Coaching	10%
Stressresistenz	7%
Branchen/Marktkenntnisse	6%
Delegationsfähigkeit	3%
Extrovertiertheit	0%

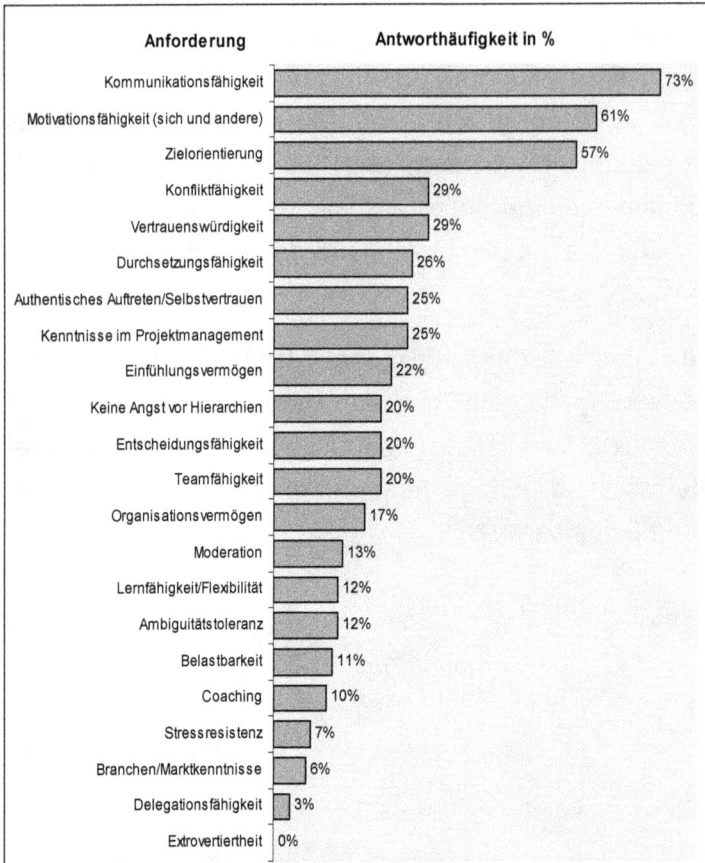

Abb. 8: Anforderungen an Change Manager nach Capgemini[50]

Aufgrund der hohen Anzahl der Anforderungen, sollen zur weiteren Analyse nur die acht wichtigsten Kompetenzen herausgearbeitet und näher erläutert werden. Die Auswahl erfolgt anhand einer Entscheidungsmatrix.[51]

---

[50] vgl. Capgemini Consulting, 2008, S. 23
[51] s. Anhang

Auf Basis dieser Auswertung konnten die in Abb. 9 genannten Kompetenzen ermittelt werden.

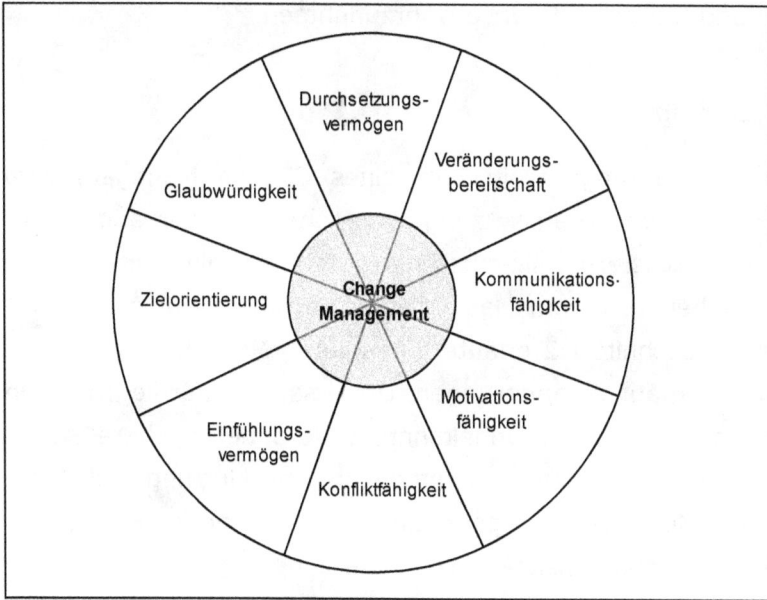

Abb. 9: Kompetenzprofil eines Change Managers[52]

Zur Vorbereitung der späteren Analyse werden nachfolgend die Kompetenzen im Einzelnen näher beschrieben und konkrete Indikatoren kompetenten Verhaltens genannt.

---

[52] eigene Darstellung

2.3.1. Veränderungsbereitschaft

Veränderungsbereitschaft bedeutet Altes kritisch zu hinterfragen und Neues als Chance wahrzunehmen.[53]

Erläuterung

Die Veränderungsbereitschaft eines Change Managers wird hier als Grundvoraussetzung angenommen. Wer andere für Neues begeistern will, muss mit gutem Beispiel voran gehen und selber in hohem Maß Offenheit für Neues ausstrahlen.[54] Wie in Abschnitt 1.2 erläutert, reagieren Menschen häufig mit Ablehnung auf Veränderungen. Die Ursache dafür liegt u. a. in der Angst vor dem Unbekannten. Veränderungsbereitschaft steht daher in engem Zusammenhang mit Mut und Selbstvertrauen. Menschen mit geringem Selbstvertrauen reagieren i. d. R. mit großer Unsicherheit auf Veränderungen.[55]

Indikatoren

- Treibt Veränderungen aktiv voran,
- reagiert offen auf Veränderungen,
- nutzt Veränderungen zur persönlichen Weiterentwicklung,
- weicht unbekannten Problem- und Handlungssituationen nicht aus.[56]

---

[53] vgl. Kraus, Becker-Kolle & Fischer, 2006, S. 108 ff.
[54] vgl. Kraus, Becker-Kolle & Fischer, 2006, S. 108 ff.
[55] vgl. Berner, 2007
[56] vgl. Heyse, 2007, S. 77

2.3.2. Kommunikationsfähigkeit

Kommunikationsfähigkeit ist die Fähigkeit, Kontakte aufzu-
bauen, aktiv zuzuhören sowie verständlich und situationsbe-
zogen Informationen auszutauschen. Zur Kommunikationsfähigkeit gehören neben der verbalen Kommunikation auch
nonverbale Aspekte, die durch stimmige Körpersprache das
Gesagte unterstreichen.[57]

Erläuterung

Die Kommunikation ist in Veränderungsprozessen von entscheidender Bedeutung. Werden Mitarbeiter unzureichend
über anstehende Veränderungen und daraus resultierende
Maßnahmen informiert, dann sind Unsicherheiten und Widerstände vorprogrammiert. Change Manager müssen die Fähigkeit haben, aktiv und offen zu kommunizieren sowie über eine
verständliche und nachvollziehbare Ausdrucksfähigkeit verfügen, um Unsicherheiten und Gerüchten entgegenzuwirken.
Dieses ist besonders bei der Weitergabe von Informationen
und in Mitarbeitergesprächen relevant.[58]

Indikatoren

- Drückt sich klar und verständlich aus,

- formuliert logisch und nachvollziehbar,

- hört aufmerksam zu,

- lässt Gesprächspartner ausreden,

---

[57] vgl. Weh & Enaux, 2008, S. 18
[58] vgl. Kraus, Becker-Kolle & Fischer, 2006, S. 108 ff.

- vermeidet Redundanzen,

- fokussiert das Thema,

- sorgt für positives Gesprächsklima (Smalltalk, Gestik und Mimik),

- verwendet stimmige Gestik und Mimik,

- geht offen auf Menschen zu (einladende Gestik),

- hält Kontakt zum Gesprächspartner (verbal und nonverbal).[59]

2.3.3. Motivationsfähigkeit

Motivationsfähigkeit kann als die Fähigkeit bezeichnet werden, andere für etwas zu begeistern und zur Leistungserbringung anzutreiben.

Erläuterung

Betrachtet man den psychologischen Verlauf von Veränderungsprozessen (s. Abschnitt 1.2.2), dann ist es besonders in der Erkenntnis- und Akzeptanzphase wichtig, die Mitarbeiter mitzunehmen und zu ermutigen. Kann dies nicht gewährleistet werden, besteht die Gefahr, dass sie in die Phase der Ablehnung zurückfallen. Die Motivationstheorie liefert zahlreiche Ansätze der Mitarbeitermotivation.[60] Doch auch der Change Manager kann durch sein Verhalten zur Motivation beitragen. Neben Lob und Anerkennung, das sich auf bereits erreichte

---

[59] vgl. Linde & Schustereit, 2010, S. 43 f.
[60] vgl. Rosenstiel & Comelli, 2003, S. 285 ff.

Ziele bezieht, ist die Ermutigung, die zukünftige Leistungen anregen soll, ein wichtiges Instrument.[61]

Indikatoren

- Setzt herausfordernde Ziele,

- gibt Rückmeldung durch Lob und Anerkennung,

- hat eine positive, mitreißende Ausstrahlung.[62]

- Zeigt Interesse,

- bemerkt Fortschritte und erkennt diese an,

- betont Stärken anstatt Fehler und Schwächen,

- sucht Lösungen nicht Schuldige,

- traut anderen etwas zu,

- ist geduldig.[63]

2.3.4. Konfliktfähigkeit

„Konfliktfähigkeit bedeutet, Konflikten selbstbewusst und bewusst zu begegnen und sie erfolgreich zu lösen."[64]

Erläuterung

Besonders in Veränderungsprozessen treten häufig Widerstände und Meinungsverschiedenheiten auf. Im Rahmen einer

---

[61] vgl. Berner, 2007
[62] vgl. Rosenstiel & Comelli, 2003, S. 285 ff.
[63] vgl. Berner, 2007
[64] Niermeyer, 2006, S. 35

Studie nannten 66 von 98 befragten Personalmanagern Interessen- und Zielkonflikte als den Hauptgrund für Umsetzungsschwierigkeiten.[65] Konflikte treten vor allem zwischen Management und Mitarbeitern oder unter den Mitarbeitern auf. Dabei kann sich der Change Manager selber in einer Konfliktsituation befinden oder als Mediator auftreten. Daher ist es wichtig, Konflikte erkennen und lösen zu können.[66]

Indikatoren

- Erkennt Interessenkonflikte,
- weicht Konflikten nicht aus,
- kann eigenen Standpunkt verständlich darstellen,
- toleriert andere Meinungen,
- ist sicher im Auftreten.[67]
- Bleibt ruhig und sachlich,
- ist bereit Kompromisse einzugehen,
- bleibt als Mediator neutral.[68]

---

[65] vgl. Deutsche Gesellschaft für Personalführung, 2010, S. 13
[66] vgl. Kraus, Becker-Kolle & Fischer, 2006, S. 108 ff.
[67] vgl. Heyse, 2007, S. 66
[68] vgl. Linde & Schustereit, 2010, S. 44

2.3.5. Einfühlungsvermögen

„Einfühlungsvermögen beschreibt die Fähigkeit, andere Menschen intersubjektiv richtig einschätzen und ihr Verhalten nachvollziehen zu können."[69]

Erläuterung

Ein Change Manager sollte über eine ausgeprägte Menschenkenntnis verfügen und wissen, was Veränderungen in Menschen auslösen können und wie er mit den aufkommenden Emotionen und Gefühlen umgehen muss. Von besonderer Bedeutung ist das Erkennen und Beurteilen von Unsicherheiten und verstecktem Widerstand.[70] Dieses erfordert eine bewusste Auseinandersetzung mit den Handlungsmotiven und Gefühlen des Gegenübers. Einfühlungsvermögen ist nur schwer durch ein konkretes Verhalten zu beschreiben, denn die individuelle Wahrnehmung und Beurteilung ist zunächst für Außenstehende nicht sichtbar. Die Fähigkeit äußert sich erst durch eine angemessene Reaktion auf das Verhalten des Gegenübers.

Indikatoren

- Beobachtet andere aufmerksam,
- hört aufmerksam zu,
- passt sich im Verhalten und in der Sprache dem Gegenüber an,

---

[69] Niermeyer, 2006, S. 24
[70] vgl. Kraus, Becker-Kolle & Fischer, 2006, S. 108 ff.

- nimmt nonverbale Signale bewusst wahr,
- interessiert sich für die Sichtweisen anderer,
- kann sich in andere hineinversetzen und eine Erklärung für ihr Verhalten finden,
- ist sich des eigenen Verhaltens und Wirkung bewusst,
- reflektiert kritisch das eigene Verhalten.[71]

2.3.6. Zielorientierung

„Zielorientierung meint das Bestreben, sein Verhalten und Handeln daran auszurichten, dass konkret festgelegte, erwünschte Zustände erreicht werden und bestimmte Ereignisse eintreten."[72]

Erläuterung

In Change Projekten treffen häufig viele Interessengruppen aufeinander, die trotz unterschiedlicher Anforderungen auf ein gemeinsames Ziel hinarbeiten müssen. Entscheidungen müssen zielgerichtet getroffen werden. Gerät das Projekt aufgrund von Umsetzungsschwierigkeiten oder Konflikten ins Stocken, muss der Change Manager dafür Sorge tragen, dass der Veränderungsprozess weiterhin vorangetrieben wird und die Ziele ausdauernd verfolgt werden.[73]

---

[71] vgl. Niermeyer, 2008, S. 15
[72] Niermeyer, 2008, S. 12
[73] vgl. Kraus, Becker-Kolle & Fischer, 2006, S. 108 ff.

Indikatoren

- Richtet eigene Handlung an klaren Zielen aus,

- verliert das Ziel nicht aus den Augen,

- setzt realistische Ziele,

- gibt Ziele verständlich und plausibel an andere weiter,

- setzt Meilensteine,

- erkennt die Notwendigkeit von Zielanpassungen, wenn die Zielerreichung nicht mehr gewährleistet ist.[74]

2.3.7. Glaubwürdigkeit

„Glaubwürdigkeit kennzeichnet Aussagen und Verhaltenswei-sen, bei denen [...] die zu Grunde liegenden Sachverhalte nicht durch personale Verarbeitungsprozesse verzerrt wur-den."[75]

Erläuterung

Glaubwürdigkeit ist ein wichtiger Erfolgsfaktor in Verände-rungsprozessen und zugleich Voraussetzung für eine gute Ver-trauensbasis. Veränderungen bedeuten immer Instabilität, Unsicherheit und hohe Komplexität. *„Die Schlüssel zu lenken-der Einflussnahme und zu echter Wirtschaftlichkeit in turbulen-ten Zeiten heißen Glaubwürdigkeit und Vertrauen."[76]* Umso glaubwürdiger das Management erscheint, desto größer ist die Wahrscheinlichkeit des Erfolges. Unglaubwürdigkeit führt da-

---

[74] vgl. Niermeyer, 2008, S. 12 f.
[75] Heyse, 2007, S. 58
[76] Doppler & Lauterburg, 2008, S. 78

gegen schlimmstenfalls zu Widerstand. Der Change Manager muss daher das Veränderungsvorhaben glaubwürdig vertreten und diesen Zustand während des gesamten Veränderungsprozesses aufrechterhalten.[77]

Indikatoren

- Gibt Informationen und Sachverhalte zutreffend weiter,
- wirkt authentisch,
- vermittelt Sicherheit und Stabilität,
- nimmt die Konsequenzen der eigenen Entscheidungen wahr,
- räumt eigene Fehler und Schwächen ein und ist bereit die eigene Sichtweise anzupassen.[78]

2.3.8.   Durchsetzungsvermögen

„Durchsetzungsvermögen beschreibt die Fähigkeit, sich zielgerichtet und gegen Widerstände auf ein Ergebnis auszurichten."[79]

Erläuterung

Häufig können in Veränderungsprozessen nicht alle Interessen berücksichtigt werden, da Entscheidungen letztendlich an den Projektzielen ausgerichtet werden müssen. Auch, wenn keine Einigung gefunden werden kann, muss der Prozess vorangetrieben werden, um das Projektziel nicht zu gefährden. Daher

---

[77]   vgl. Schuler, 2010, S. 136 ff.
[78]   vgl. Heyse, 2007, S. 58
[79]   Niermeyer, 2006, S. 19

ist es erforderlich, dass der Change Manager die Interessen und Ziele eines Change Projektes argumentativ vertreten und diese auch gegen die Mehrheit durchsetzen kann.[80] Jedoch sollte die Durchsetzungskraft nicht auf Druck und Machtausübung, sonder auf dem Respekt anderer basieren, denn Druck erzeugt Widerstand.[81]

Indikatoren

- Kann eigene Meinung gegenüber anderen vertreten,
- kann argumentativ überzeugen,
- bleibt konsequent,
- weicht Konflikten nicht aus,
- hat Respekt vor anderen und wird respektiert,
- kann sich in der Gruppe behaupten.[82]

---

[80] vgl. Kraus, Becker-Kolle & Fischer, 2006, S. 108 ff.
[81] vgl. Niermeyer, 2006, S. 20 f.
[82] vgl. Niermeyer, 2006, S. 20

2.4. Kompetenzentwicklung

Nachdem im vorherigen Abschnitt die Kompetenzen eines Change Managers beschrieben wurden, wird nun auf die Entwicklung dieser Kompetenzen eingegangen. In den folgenden Abschnitten werden daher die Grundlagen der Kompetenzentwicklung erläutert und anschließend Entwicklungsmethoden aufgezeigt.

2.4.1. Grundsätze und Rahmenbedingungen

In Abschnitt 2.1 wurden Kompetenzen als Selbstorganisationsdispositionen definiert. Demnach bestehen Kompetenzen aus einem komplexen Konstrukt aus Wissen, Fertigkeiten sowie Werten und Normen, die durch eigene Emotionen und Motivationen interiorisiert werden. Daher ist es nahe liegend, dass Kompetenzen nicht einfach „erlernbar" sind. *„Kompetenzentwicklung entsteht aus der Auseinandersetzung des Individuums mit seiner Umwelt. Es ist die Suche nach Lösungen aus dem Repertoire der vorhandenen Muster des Gelernten, wobei [...] neue Verknüpfungen von Mustern entstehen."*[83] Kompetenzentwicklung erfordert also den Erwerb eigener Erfahrungen. Sie müssen *„durch den eigenen Kopf und das eigene Gefühl hindurch."*[84]. Nur dadurch kann sichergestellt werden, dass eigene Emotionen und Motivationen beteiligt sind und somit Werte und Normen verinnerlicht werden. Heyse und Erpenbeck kommen daher zu der Erkenntnis, dass Kompetenzentwicklung besonders durch emotions- und motivationsaktivie-

---

[83] Bergmann & Daub, 2008, S. 90
[84] Heyse & Erpenbeck, 2009, S. XXII

rende Lernprozesse ermöglicht wird. Gewöhnliche Veranstaltungen zur reinen Wissensaneignung können diese Anforderung nicht erfüllen.[85] *„Kompetenzen sind vorrangig im direkten Praxisbezug, oder durch Formen von Coaching und Training vermittelbar."*[86]

Durch dieses Verständnis der Kompetenzentwicklung, sollten folgende Grundsätze bei der Auswahl der Entwicklungsmethoden berücksichtigt werden:

- Kompetenzen sind nicht übertragbar. Vielmehr müssen Situationen geschaffen werden, die die selbstorganisierte Kompetenzentwicklung ermöglichen.

- Emotionale Labilisierung ist eine Grundvoraussetzung zur Kompetenzentwicklung. Emotionale Labilisierung meint Verunsicherungen, die zur emotionalen Spannungen und Stress führen. Dabei wird versucht mit Hilfe von bekannten Regeln, Werten und Normen unbekannte Situationen zu meistern. Kommt es zu einer erfolgreichen Handlung, wird diese Erfahrung abgespeichert.

- Kompetenzen lassen sich nicht wie Wissen einfach weitergeben.[87]

Im Rahmen des Forschungsprojektes „Kompetenzentwicklung und Selbstorganisation" haben die Autoren Bergmann, Daub und Meurer Formen des Lernens empirisch untersucht sowie förderliche Rahmenbedingungen beschrieben. Demnach entwickelt sich *„Kompetenz [...] besonders gut in angstfreien Umgebungen, wo vielfältige Möglichkeiten des Lernens geboten*

---

[85] vgl. Heyse & Erpenbeck, 2009, S. XXII
[86] Heyse & Erpenbeck, 2009, S. XXII
[87] vgl. Heyse & Erpenbeck, 2009, S. XXII ff.

*werden, Routinen irritiert und bewusst Störungen initiiert wer-
den. Besonders das praktische Erleben, Experimentieren und
Ausprobieren dient dem effektiven Kompetenzerwerb.*"[88] Kompetenzentwicklung erfordert somit das Schaffen von Möglichkeiten der Selbstentdeckung und -erprobung. Besonders förderlich stufen die Autoren das *„Lernen im Wechsel von Impuls,
Erprobung und Reflexion"*[89] *ein.*

2.4.2. Kompetenzentwicklung für Change Manager

Der Schwerpunkt des Kompetenzprofils für Change Manager
liegt in der Sozial- und Persönlichkeitskompetenz. Entwicklungsmaßnahmen zur Förderung dieser Kompetenzen umfas-
sen vorwiegend die Vermittlung des relevanten Wissens, die
Entwicklung der Wahrnehmung und Reflexionsfähigkeit sowie
der kooperativer und kommunikativer Verhaltensweisen.[90] Im
Rahmen dieser Studie werden Pferdegestützte Trainings als
Methode zur Kompetenzentwicklung näher analysiert, daher
soll hier nicht detailliert auf weitere Methoden eingegangen
werden.

Abb. 10 gibt jedoch einen Überblick, welche Methoden unter
Berücksichtigung der zuvor erläuterten Grundlagen und Rahmenbedingungen der Kompetenzentwicklung geeignet erscheinen.

---

88 Bergmann, Daub & Meurer, 2006, S. 54
89 Bergmann, Daub & Meurer, 2006, S. 54
90 vgl. Kanning, 2005, S. 64 ff.

Methode	Charakteristika	Formen
Verhaltenstraining[91]	Einstudieren ge- wünschten Verhaltens	Rollenspiele, Verhal- tensmodellierung, Transaktionsanalyse
Outdoortraining[92]	Herausforderungen und Grenzerfahrungen in der Natur, erlebnis- orientierter Ansatz mit Aktions-, Reflexions- und Transferphasen	Bergtouren, Klettern, Segeln, Hochseilgar- ten, Höhlenerkundun- gen, Pferdegestützte Trainings
Coaching[93]	Unterstützung zur per- sönlichen Selbstent- wicklung durch Prob- lem- und Verhaltensanalyse, Lö- sungsfindung und Er- probung in der Praxis	Externes und internes Coaching, Gruppen- und Einzelcoaching
Training in der Praxis[94]	Erfolgt in der Nähe o- der direkt am Arbeits- platz	Job Rotation, Seiten- wechsel, Projektarbeit
Gruppendynamisches Training[95]	Selbsterfahrung der Teilnehmer, Analyse der Gruppenprozesse	Sensitivity Training, Supervision

Abb. 10: Methoden der Kompetenzentwicklung[96]

In diesem Kapitel wurden Kompetenzen als Selbstorganisati- onsdispositionen definiert und darauf aufbauend die Rahmen- bedingungen der Kompetenzentwicklung erläutert sowie die Kernkompetenzen eines Change Managers detailliert beschrie- ben. Das folgende Kapitel geht auf Pferdegestützte Trainings als Entwicklungsmethode dieser Kompetenzen näher ein.

---

[91] vgl. Kanning, 2005, S. 68 ff.
[92] vgl. Negri, 2010, S. 209 ff.
[93] vgl. Becker, 2009, S. 539 ff.
[94] vgl. Heyse & Erpenbeck, 2009, S. XXV
[95] vgl. Crisand, 2002, S. 87
[96] eigene Darstellung

3. Pferdegestützte Trainings

Neben dem erfolgreichen Einsatz von Pferden in der Therapie, werden diese aufgrund ihres ausgeprägten Sozial- und Führungsverhaltens heutzutage vermehrt in Führungskräfte- und Persönlichkeitstrainings eingesetzt. Im Vergleich zu klassischen Trainingsmethoden dient hier das Pferd als Medium und Interaktionspartner.[97] Das Angebot verschiedener Seminaranbieter umfasst vor allem folgende Themenschwerpunkte:

- Selbst- und Fremdwahrnehmung,

- Führung,

- Kommunikation und Kontaktfähigkeit,

- Zielorientierung,

- Authentisches Auftreten,

- Konfliktbearbeitung,

- Selbstvertrauen,

- Motivation und Teamarbeit.

Ziel der Pferdegestützten Trainings ist vorwiegend die Förderung der Persönlichkeits- und Sozialkompetenz.[98]

Zunächst werden in den folgenden Abschnitten die Beziehung zwischen Mensch und Pferd sowie die Besonderheiten des Einsatzes von Pferden als Trainingspartner erläutert. Anschließend erfolgt ein kurzer Einblick in die Erlebnispädagogik, in die das Trainingskonzept eingeordnet werden kann.

---

[97] vgl. Stapelfeld, 2007, S. 6 ff.
[98] vgl. www.horsedream.de, www.die-pferdeakademie.de, www.horse-alliance.com, www.spiegelpferd.de, www.horse-inspiration.at, www.kolling-beratung.de

3.1. Mensch-Pferd Beziehung

Die Verbindung zwischen Mensch und Pferd reicht Jahrtausende zurück. Bis in das 20. Jahrhundert diente das Pferd im Krieg, als Fortbewegungsmittel und als Arbeitskraft bis es schließlich von der Technik abgelöst wurde. Heute ist das Pferd als Sport- und Freizeitpartner treuer Begleiter des Menschen.[99] Doch auch in der tiergestützten Therapie wird die positive Wirkung der Pferde und des Reitens genutzt, um körperliche und psychische Behinderungen sowie Bewegungsstörungen zu beeinflussen.[100] Schon vor Jahrhunderten haben die Lehrmeister der Pferdeausbildung erkannt, dass sie viel von ihren Tieren lernen können, denn Pferd und Mensch haben viele Gemeinsamkeiten. Dieser Gedanke wurde durch den Einsatz von Pferden in Persönlichkeits- und Führungskräftetrainings wieder aufgegriffen.[101]

Wie der Mensch lebt das Pferd in Gruppen mit geregelten Strukturen, Hierarchien und Normen. Die Gruppe bietet Schutz und ermöglicht soziale Kontakte.[102] Daher erfordert das Leben in Gruppen bzw. Gemeinschaften ein ausgeprägtes Sozialverhalten. *„Bei Pferden ist dieses Sozialverhalten sehr hoch entwickelt".*[103] Sie kommunizieren im Wesentlichen über ihre Körpersprache, auf die sie äußerst sensible reagieren. Sie nehmen kleinste Verhaltensänderungen und Bewegungen wahr. Auch der Mensch kommuniziert, wenn auch meistens unbewusst, nonverbal.

---

[99] vgl. Truckenbrodt & Fiegler, 2004, S. 18
[100] vgl. Künzle, 2000, S. 109 ff.
[101] vgl. Truckenbrodt & Fiegler, 2004, S. 19
[102] vgl. Hendrich, 2003, S. 33
[103] Schwaiger, 2000, S. 21

54

Anders als der Mensch können Pferde sich jedoch nicht verstellen und etwas anderes kommunizieren als sie eigentlich meinen. Ihre Reaktion erfolgt immer sofort und ehrlich.[104]

Ein geordnetes Zusammenleben in Gruppen erfordert Führung. Jede Herde wird von einem Leittier geführt. Dieses Tier zeichnet sich häufig nicht durch Stärke, sondern durch bestimmte Eigenschaften aus, die ihm die Akzeptanz der Gruppe verschaffen. Auch bei Menschen gibt es Führungskräfte, die erst ihre Führungsqualität beweisen müssen, bevor sie von der Gruppe akzeptiert werden.[105]

Menschen sowie Pferde sind Individualisten. Jedes Pferd hat seine eigene Persönlichkeit und individuellen Fähigkeiten, die genau wie bei Menschen erkannt, berücksichtigt und gefördert werden müssen.[106]

Im Gegensatz zum Menschen sind Pferde jedoch Flucht- und Beutetiere. Eine sensible Wahrnehmung und schnelle Reaktionsfähigkeit sind für Pferde lebensnotwendige Fähigkeiten.[107] *„Diese Wachsamkeit erfordert [...] hoch entwickelte Sinne. Mit ihnen nimmt das Pferd Umweltveränderungen wahr, für die der Mensch schon lange [...] blind und taub zugleich ist."*[108] Doch genau diese Fähigkeit macht das Pferd zum patenten Trainingspartner.

---

104 vgl. Osterhammel, 2005, S. 15 ff.
105 vgl. Osterhammel, 2005, S. 16
106 vgl. Osterhammel, 2005, S. 15 f.
107 vgl. Hendrich, 2003, S. 33 f.
108 Hendrich, 2003, S. 34

3.2. Pferd als Trainer

Bereits in Abschnitt 3.1 wurden einige Gemeinsamkeiten von Mensch und Pferd erläutert, die das Pferd als Trainingpartner ausmachen. *„Die direkte körperliche Erfahrung mit dem Pferd ermöglicht rasche Einsichten und Aha-Effekte. Durch das Wesen Pferd werden wir mit unseren Emotionen konfrontiert, d. h. wir können lernen, unsere Emotionen wahrzunehmen, sie zu akzeptieren und bewusst mit ihnen umzugehen."*[109]

Doch was macht das Training mit Pferden so besonders? Pferde spiegeln das Verhalten des Menschen. Ihre hoch entwickelten Sinne ermöglichen eine sensible Wahrnehmung, die der Mensch in dieser Weise nicht besitzt. Das Pferd *„nimmt das wahr, was wir gar nicht sagen wollen, aber durch unsere Körpersprache ungewollt doch über uns preisgeben: Nähe, Distanz, Zuwendung, Abweisung, Entschlossenheit, Zögerlichkeit, Schutz, Bedrohung, Freude, Angst ... - alles, was wir mitteilen (oder auch verbergen!) wollen, wird [...] vom empfindsamen Partner Pferd [...] aus der Körpersprache gelesen."*[110] Studien besagen, dass Menschen zwischen 75 % und 90 % nonverbal kommunizieren. Nonverbal meint hier jegliche Form der Kommunikation ohne Wörter, also z. B. Mimik, Gestik oder Körperhaltung. Verbale Kommunikation enthält immer Elemente der nonverbalen Kommunikation. Andersherum ist eine nonverbale Kommunikation jedoch auch ohne Worte möglich.[111]

---

[109] Gries, 2004, S. 139
[110] Hendrich, 2003, S. 41
[111] vgl. Linker, 2009, S. 124

Das 1. Axiom von Watzlawick besagt: *„Man kann nicht nicht kommunizieren."*[112] Menschen kommunizieren also immer mindestens nonverbal.

Pferde agieren als Feedbackgeber. Feedback ist ein wichtiger Bestandteil von Seminaren und Lernprozessen. Häufig weichen Selbst- und Fremdwahrnehmung voneinander ab oder das Verhalten zeigt in der Realität nicht die beabsichtigte Wirkung. Durch Feedback können diese Diskrepanzen aufgedeckt werden. Um die Wirksamkeit des Feedbacks zu gewährleisten, sollte dieses frei von Wertungen sein und lediglich die Wirkung des Verhaltens beschreiben. Des Weiteren sind der richtige Zeitpunkt sowie der Bezug zu einem konkreten Verhalten oder einer Situation von entscheidender Bedeutung.[113] Pferde können diesen Anforderungen gerecht werden. Ihr Feedback ist immer ehrlich und direkt. Sie versuchen nicht ihre Artgenossen oder Menschen zu manipulieren, denn sie haben keine versteckten Absichten. Ihre Reaktion erfolgt immer zeitnah und situationsgebunden, da sie nicht zwischen Vergangenheit, Gegenwart und Zukunft unterscheiden. Des Weiteren findet bei Pferden keine Reflexion des Verhaltens statt. Sie reagieren immer so, wie sie angesprochen werden. Dadurch wird den Seminarteilnehmern ein direktes Feedback auf ihr Verhalten sowie dessen Wirkung ermöglicht.[114]

In den herkömmlichen Verhaltenstrainings und Seminaren zur Förderung der sozialen Kompetenz finden häufig Rollenspiele Anwendung, in denen Szenarien aus der Praxis nachgestellt

---

[112] Watzlawick, Beavin & Jackson, 2007, S. 53
[113] vgl. Jung, 2011, S. 476 f.
[114] vgl. Gries, 2004, S. 139 ff.

und anschließend besprochen werden. Diese Vorgehensweise hat sich sicherlich bewährt, dennoch besteht der Nachteil, dass die Trainingssituation stark von der Interpretation der Teilnehmer beeinflusst wird und somit keine realitätsnahe Reaktion erfolgt. *„Manche Teilnehmer überzeichnen und karikieren die Situation oder versuchen [...] die Situation zu glätten und Konflikten auszuweichen."*[115] Die Autoren Kolzarek und Lindau-Bank halten daher das Feedback der Pferde für effektiver. Veränderungen im Verhalten werden hier sofort sichtbar. Die Teilnehmer haben die Möglichkeit unterschiedliches Verhalten auszuprobieren und ein direktes Feedback zu bekommen.[116]

Das Training mit Pferden kann in die Erlebnispädagogik eingeordnet werden, die im nächsten Abschnitt kurz vorgestellt wird.

3.3. Erlebnispädagogik mit Pferden

„Erlebnispädagogik ist ein Prozess, durch den Lernende sich Wissen, Fertigkeiten und Werte über direkte Erfahrungen aneignen."[117] Erlebnisorientiertes Lernen ist also ein handlungsorientierter Ansatz, der das Erlebnis nutzt, um die Teilnehmer zu aktivieren und zum Handeln anzuregen. Ziel der Erlebnispädagogik ist vor allem die Entwicklung der Sozial- und Persönlichkeitskompetenz.

---

[115] Kolzarek & Lindau-Bank, 2007, S. 15
[116] vgl. Kolzarek & Lindau-Bank, 2007, S. 15
[117] Negri, 2010, S. 209

In der Management-Literatur sowie in der betrieblichen Praxis findet der Begriff „Outdoor-Training" häufiger Verwendung. Outdoor-Training basiert auf den Methoden und Erkenntnissen der Erlebnispädagogik. Der Unterschied liegt im Wesentlich zunächst in der Betonung auf „Outdoor", d. h. das Training findet in der freien Natur statt. Des Weiteren bezieht sich Outdoor-Training im Gegensatz zur Erlebnispädagogik meistens auf Personalentwicklungsmaßnahmen im betrieblichen Umfeld. Typische Aktivitäten sind z. B. Bergtouren, Klettern oder Bootstouren.[118] Outdoor-Training erfordert Handeln in neuen Situationen und ungewohnten Umgebungen und somit die Suche nach neuen Lösungsansätzen. Funktionen und Hierarchien spielen hier keine Rolle mehr. Die Teilnehmer werden immer wieder vor Herausforderungen gestellt, wodurch neue Wege und Verhaltensweisen erprobt und die Konsequenzen unmittelbar erlebt werden können.

Durch die in Abb. 11 dargestellte Abfolge von Aktion, Reflexion und Transfer ergibt sich ein kontinuierlicher Lernprozess. Um einen nachhaltigen Trainingserfolg zu gewährleisten, ist besonders der Transfer, d. h. die Übertragung der Erfahrungen in den Arbeitsalltag, ein wichtiger Aspekt.[119]

---

[118] vgl. Negri, 2010, S. 205 ff.
[119] vgl. Strasmann, 2010, S. 458 ff.

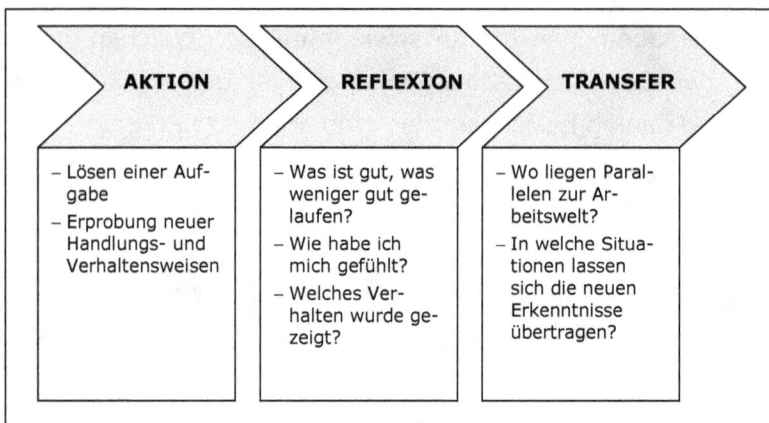

AKTION	REFLEXION	TRANSFER
– Lösen einer Aufgabe – Erprobung neuer Handlungs- und Verhaltensweisen	– Was ist gut, was weniger gut gelaufen? – Wie habe ich mich gefühlt? – Welches Verhalten wurde gezeigt?	– Wo liegen Parallelen zur Arbeitswelt? – In welche Situationen lassen sich die neuen Erkenntnisse übertragen?

Abb. 11: Ablauf Outdoor-Training[120]

Die Erlebnispädagogik basiert auf erfahrungs- und handlungsorientiertem Lernen und entspricht somit den Grundgedanken der Kompetenzentwicklung.

Pferde werden in der Erlebnispädagogik als Medium sowie als Feedbackgeber eingesetzt und tragen somit zur Gestaltung des Erlebnisses bei. Durch die körperliche Erfahrung mit dem Pferd, das Kraft, Freiheit und Würde verkörpert, werden die Teilnehmer emotional angesprochen, wodurch der Trainingserfolg gefördert wird.[121]

Zum Abschluss dieses Kapitels ist festzuhalten, dass Pferde als Trainingspartner durchaus geeignet erscheinen. Die Gemeinsamkeiten mit den Menschen sowie ihre hoch entwickelten Sinne machen sie zum Spiegel des eigenen Verhaltens. Des Weiteren trägt ihr Feedback zur Selbstreflexion der Teilnehmer bei.

---

[120] vgl. Strasmann, 2010, S. 458
[121] vgl. Gries, 2004, S. 139

4. Das Trainingskonzept am Beispiel „Die Pferdeakademie"

In diesem Kapitel wird das Pferdegestützte Training am Beispiel des Seminaranbieters „Die Pferdeakademie" vorgestellt. Dazu werden die einzelnen Übungen sowie die entsprechenden Ziele näher erläutert.[122]

„Die Pferdeakademie" mit Sitz in Hamburg-Reinbek bietet seit 2005 Trainings für persönliche und berufliche Weiterentwicklung mit Pferden als Trainingspartner an. Das Angebot umfasst offene sowie firmeninterne Veranstaltungen, die durch einen oder mehrere qualifizierte Trainer begleitet werden.

4.1. Aufbau des Trainings

Das Training findet größtenteils in der Reithalle, teilweise aber auch in Seminarräumen auf der Reitanlage statt. Die Dauer der Veranstaltung beträgt i. d. R. ein bis zwei Tage. Der typische Ablauf des Trainings lässt sich in drei Phasen gliedern: Einführung, Praxisarbeit und Auswertung. Die Inhalte der einzelnen Phasen sind Abb. 12 zu entnehmen.

---

[122] Die folgenden Ausführungen basieren auf Gesprächen mit V. Neuse (22.03.2011 und 15.04.2011). Sie berichtete von dem Trainingskonzept der Pferdeakademie.

EINFÜHRUNG	PRAXIS-ARBEIT	AUSWER-TUNG
– Vorstellung der Trainer und Teilnehmer – Hinweise zum Ablauf – Theorie zum Thema Pferd u. Mensch – Sicherheitshinweise – Erfassung Erwartungen/Selbsteinschätzung	– Übungen mit den Pferden – Feedback vor Ort durch Pferde und Teilnehmer – Selbstbeobachtung – Videoaufzeichnung der Übungen – Transferarbeit	– Videoauswertung der einzelnen Übungen – Feedback durch Teilnehmer und Trainer – Austausch Erfahrungen und Erkenntnisse – Transferarbeit

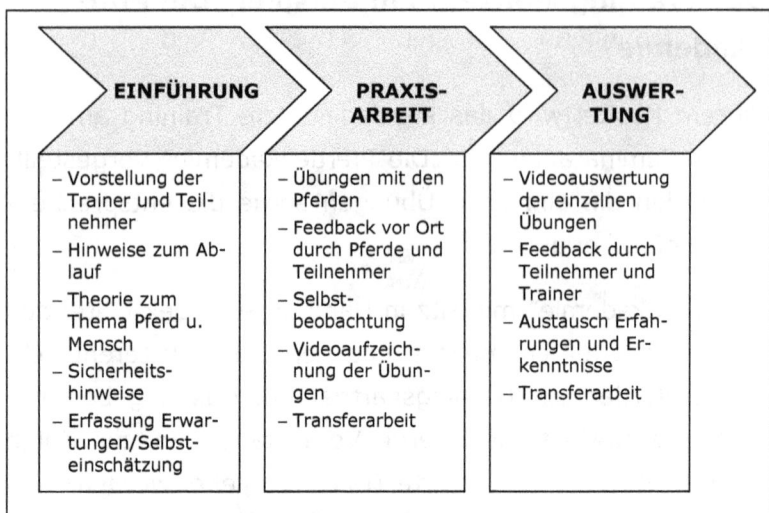

Abb. 12: Ablauf Pferdegestütztes Training am Beispiel „Die Pferdeakademie"[123]

In dem Training geht es weder um Pferde noch wird geritten, daher sind Vorkenntnisse im Umgang mit Pferden zur Bewältigung der Aufgaben nicht erforderlich. Zu Beginn werden die Teilnehmer gebeten eine persönliche Selbsteinschätzung anhand eines Bewertungsbogens vorzunehmen, den sie für sich behalten. Diese Bewertung dient dem späteren Abgleich mit den Fremdeinschätzungen.

In der Praxisphase werden mehrere Übungen mit den Pferden durchgeführt, die per Videoaufzeichnung aufgenommen werden. Themenschwerpunkte können unter Berücksichtigung aktueller Probleme und Fragestellungen individuell festgelegt werden. Jeder Übung geht eine entsprechende Aufgabenstellung voran. Die Teilnehmer erhalten jedoch keine Vorgabe zur

---

[123] eigene Darstellung

genauen Vorgehensweise, dadurch können die Aufgaben individuell gelöst und durch das unmittelbare Feedback der Pferde
verschiedene Verhaltensweisen erprobt werden. Während einzelne Teilnehmer die Übung absolvieren, haben die Außenste-
henden die Aufgabe das Vorgehen zu beobachten und ihre
Eindrücke und Gefühle zu notieren. Nach jeder Übung findet
eine Reflexions- und Feedbackphase statt, in der die Beobachtungen und Empfindungen geschildert sowie Parallelen zum
Arbeitsalltag aufgezeigt werden.

Insgesamt erfolgt das Feedback auf drei Ebenen:

- Unmittelbares Feedback der Pferde während der Übung,

- Feedback durch die Teilnehmer,

- Selbstbeobachtung durch die Videoaufzeichnung.

Zum Abschluss des Trainings erfolgt die Auswertung der Vi-
deoaufnahmen und eine abschließende Feedbackrunde,
wodurch die Teilnehmer die Möglichkeit haben, ihr Handeln zu
reflektieren und Eindrücke zu schildern. Anschließend werden
die Erfahrungen aus dem Training auf berufliche Situationen
übertragen und diskutiert. Dadurch können Anregungen für
zukünftiges Verhalten erarbeitet werden.

4.2. Übungen und Ziele

Das Training setzt sich aus mehreren Übungsblöcken zusammen, die nachfolgend näher erläutert werden. Je nach individuellen Schwerpunkten können weitere Übungen ergänzt werden.

4.2.1. Beobachten und Beurteilen

Bis zu sechs Pferde werden frei in der Reithalle laufengelassen. Die Teilnehmer bekommen die Aufgabe die Pferde zu beobachten und eine erste Einschätzung über Sozialverhalten und Eigenschaften abzugeben. Schnell wird deutlich, dass nicht alle Pferde gleiche Charaktere haben. Genau wie bei Menschen gibt es Draufgänger, Desinteressierte, Dominante, Zurückhaltende usw., dennoch funktioniert die Herde durch ein klares Sozialgefüge als Ganzes.

Das Ziel dieser Übung liegt in der Steigerung der Wahrnehmungsfähigkeit.

Wichtige Fragestellungen sind:

- Welches Verhalten fällt auf?
- Welche Eigenschaften werden mit diesem Verhalten in Verbindung gebracht?
- Wo findet sich der Teilnehmer selber in der Gruppe wieder?
- Wie funktioniert die Herde als Ganzes?

Durch die anschließende Diskussion der Beobachtungen, sollen die jeweiligen Ansichten und Emotionen reflektiert werden. Hier ist es wichtig zwischen Wahrnehmung und Interpretation des Verhaltens unterscheiden zu können.

4.2.2.   Kontakt aufnehmen

Die Teilnehmer betreten zusammen die Reithalle, um sich zunächst mit den Pferden vertraut zu machen und Berührungsängste abzubauen. Die Aufgabe lautet, jedes Pferd zu begrüßen und Kontakt aufzunehmen.

In dieser Übung ist es erforderlich ein ausgewogenes Verhältnis zwischen Nähe und Distanz zu finden. Es wird deutlich, *„dass das Ausharren auf einem der beiden Pole [...] nicht sehr förderlich ist für den Aufbau einer Beziehung."*[124] Verhält der Teilnehmer sich eher distanziert, wird das Pferd das Interesse verlieren und sich abwenden. Überschreitet er dagegen den persönlichen Distanzbereich, wird das Pferd zurückweichen. Genau wie bei Menschen hat jedes Tier seinen individuellen Charakter, bei einigen erfordert die Kontaktaufnahme mehr Geduld und Sensibilität, andere muss man wiederum aus seinem Distanzbereich verweisen. Daher ist es erforderlich, dass die Teilnehmer die individuellen Charaktere der Pferde erkennen und das eigene Verhalten entsprechend anpassen.[125] Des Weiteren ist es von Bedeutung, dass äußeres Verhalten und innere Absicht kongruent sind. Gespielte Selbstsicherheit trotz

---

[124] Gries, 2004, S. 149
[125] vgl. Gries, 2004, S. 148 ff.

innerer Unsicherheit nehmen die Pferde sofort wahr. Nur, wenn der Teilnehmer Klarheit und Kongruenz vermittelt, wird das Pferd sich sicher fühlen und sich bereitwillig nähern.[126]

Ziel dieser Übung ist, das bewusste Wahrnehmen der eigenen Gefühle und des persönlichen Auftretens beim Aufbau von Beziehungen. Weiterhin ist der Abbau von möglichen Ängsten im Umgang mit Pferden eine wichtige Basis für das weitere Training.

4.2.3. Führen und Folgen

In dieser Übung führt jeder Teilnehmer ein Pferd durch einen kleinen Parcours mit Hindernissen (Stangen, Slalom etc.). Folgende Teilaufgaben sind zu erfüllen:

- Führen mit Strick,
- Führen ohne Strick,
- gleichzeitiges Führen von zwei Pferden mit Strick,
- Führen von hinten mit einer Doppellonge.[127]

Bei allen Teilaufgaben sind eine gute Vertrauensbasis sowie die Aufmerksamkeit des Pferdes von wesentlicher Bedeutung. Der Teilnehmer erreicht diesen Zustand, indem er Präsenz zeigt und Kontakt zum Pferd aufbaut (s. Übung „Kontakt aufnehmen"). Weiterhin sind Selbstsicherheit und Entschlossenheit erforderlich, um Orientierung und Sicherheit zu

---

[126] vgl. Truckenbrodt & Fiegler, 2004, S. 20 ff.
[127] Zwei lange Leinen, die jeweils seitlich an das Halfter des Pferdes geschnallt werden.

vermitteln. Unentschlossenheit spiegelt das Pferd dagegen mit eigener Unsicherheit wider und wird nur zögerlich oder gar nicht folgen. In diesem Fall ist starker Druck durch Ziehen und Zerren am Strick nicht zielführend und bewirkt eher Gegendruck bzw. Widerstand. Bei diesem Verhalten wird das Pferd nicht zu einer Zusammenarbeit bereit sein. Vielmehr folgen Pferde sowie Menschen *„nur dann freiwillig, wenn [...] eine natürliche Balance zwischen Respekt, Vertrauen, Autorität, Überzeugungskraft und Glaubwürdigkeit besteht."*[128]

Weiterhin ist es beim Durchschreiten des Parcours wichtig, Kontakt zu halten, zu motivieren und das Ziel nicht aus den Augen zu verlieren. Ist der Teilnehmer unkonzentriert, lässt sich das Pferd von den Stangen und Kegeln ablenken, bleibt stehen oder bestimmt selber die Richtung.[129] Motivation erfolgt zum einen durch Rückmeldung bzw. Lob und zum anderen durch die eigene Ausstrahlung. Einem motivierten Führer mit aufrechter Haltung folgt das Pferd ebenso aufmerksam und motiviert.[130]

Das Führen ohne Strick erhöht den Schwierigkeitsgrad, denn hier entfällt die physische Verbindung zum Pferd. Kann der Teilnehmer keine gemeinsame Vertrauens- und Kommunikationsbasis schaffen, wird das Pferd ihn ignorieren und seine eigene Richtung einschlagen.

---

[128] Truckenbrodt & Fiegler, 2004, S. 89
[129] vgl. Business-on, 2010
[130] vgl. Gries, 2004, S. 166 ff.

Das gleichzeitige Führen von zwei Pferden erfordert Koordination sowie Rücksicht auf die unterschiedlichen Bedürfnisse der Pferde. Diese Übung wird erschwert, indem zwei Pferde unterschiedlichen Charakters ausgewählt werden, z. B. ein Tier, das Führung braucht, und ein dominantes Tier, das selber die Führung übernehmen möchte. Diese Situation erfordert Aufmerksamkeit und Konzentrationsfähigkeit.

Das Führen mit der Doppellonge soll verdeutlichen, dass Führen auch aus dem Hintergrund möglich ist. Dies erfordert zum einen Klarheit in der Kommunikation und zum anderen dem Geführten den nötigen Freiraum zu lassen, ihm etwas zuzutrauen und Vertrauen entgegen zu bringen.

In allen Teilaufgaben können die Teilnehmer selber bestimmen, wie sie den Parcours durchschreiten. Dabei können sich verschiedene Varianten ergeben, z. B. hohes Tempo, Vorweggehen, neben dem Pferde gehen, das Pferd an langer Leine oder sehr kurzer Leine führen. Häufig lassen sich hier Parallelen zum Verhalten der Teilnehmer im beruflichen Umfeld feststellen.

Ziel dieser Übung ist, eine gemeinsame Vertrauens- und Arbeitsbasis zu schaffen.

4.2.4. Komplexität bewältigen

In dieser Übung arbeiten die Teilnehmer jeweils mit vier frei laufenden Pferden unterschiedlicher Größe. Zusätzlich erhalten die Teilnehmer eine Fahne, die Macht symbolisieren kann, und fünf verschiedene Ringe unterschiedlicher Größe, die Arbeitspakete darstellen. Die Aufgabe lautet, die Pferde zunächst um sich herum laufen zu lassen und dann die Ringe zu verteilen und um den Hals der Pferde zu legen. Anschließend sollen die Teilnehmer die Pferde mit Ringen im Kreis laufen lassen und danach die Ringe wieder abnehmen.

Die Schwierigkeit dieser Übung liegt darin, den Kontakt zu den Pferden zu halten, alle in eine gemeinsame Richtung laufen zu lassen und gleichzeitig die einzelnen Schritte der Aufgabe zu erfüllen. Der Teilnehmer muss den Überblick über die Gruppe behalten, aber auch die unterschiedlichen Charaktere der einzelnen Tiere berücksichtigen. Neben den bereits erläuterten Aspekten Kontakt aufbauen und Vertrauen schaffen, müssen die Pferde in der Übung weggeschickt werden, indem Druck aufgebaut wird. Dies erfordert Präsenz durch eine aufrechte, kraftvolle Körperhaltung sowie innere Entschlossenheit. Durch Klarheit im Verhalten und Zielstrebigkeit erhalten die Pferde unmissverständliche Anweisungen. Die Fahne kann als Hilfs- bzw. Druckmittel eingesetzt werden. *„Pferde akzeptieren diesen rechtzeitig Orientierung gebenden Druck, der nicht länger anhält als nötig. Sie übersehen, überhöhen und übergehen zu geringen Druck und sie widersetzen sich zu starker Anforderung."*[131] Es ist die Aufgabe des Teilnehmers zu erkennen, wie

---

[131] Hendrich, 2003, S. 38

viel Druck jedes einzelne Pferd benötigt. Anschließend müssen die „Arbeitspakete" (Ringe) verteilt werden. Hier wird deutlich, ob die Teilnehmer die richtige Balance zwischen Respekt und Vertrauen gefunden haben.

Wichtige Fragestellungen in dieser Übung sind:

- Wie werden die „Arbeitspakete" verteilt? Bekommt z. B. das kleinste Pferd den größten Ring?
- Was passiert mit dem Ring der übrig bleibt?
- Erhalten alle Pferde gleichermaßen Aufmerksamkeit?
- Wie endet die Übung? Gibt es überhaupt ein Ziel bzw. Ende?
- Erhalten die Pferde Lob?

Ziel dieser Übung ist, in komplexen Situationen den Überblick zu behalten und eine klare Richtung vorzugeben.

Die wichtigsten Aspekte der einzelnen Übungen werden in Abb. 13 zusammengefasst dargestellt.

Übung	Wichtige Aspekte
Beobachten und Beurteilen	• aktives Beobachten • Erkennen nonverbaler Signale • Reflektieren der eigenen Wahrnehmung • eigene Beobachtungen und Gefühle schildern • Sozialverhalten erkennen und in Zusammenhänge einordnen
Kontakt aufnehmen	• Kontakt aufbauen • Erkennen nonverbaler Signale • sich dem Gegenüber anpassen • Umgang mit Unsicherheiten und Angst • sich kongruent Verhalten • auf das Gegenüber eingehen
Führen und Folgen	• Kontakt aufbauen und halten • Erkennen nonverbaler Signale • sich kongruent Verhalten • auf das Gegenüber eingehen • präsent sein • Ziele setzen • innere Entschlossenheit • geduldig bleiben • Vertrauen entgegenbringen • sich seiner Wirkung bewusst sein • konsequent bleiben • mit Widerstand umgehen • Rückmeldung geben (Lob)
Komplexität bewältigen	• Orientierung geben • Ziele setzen und nicht aus den Augen verlieren • sich kongruent Verhalten • Erkennen nonverbaler Signale • sich in das Gegenüber hineinversetzen • präsent sein • das richtige Verhältnis von Distanz und Nähe finden • innere Entschlossenheit • mit Widerstand umgehen • Rückmeldung geben (Lob)

Abb. 13: Wichtige Aspekte im Pferdegestützten Training[132]

---

[132] eigene Darstellung

5. Pferdegestützte Kompetenzentwicklung für Change Manager

Dieses Kapitel befasst sich mit der abschließenden Analyse der Möglichkeiten und Grenzen Pferdegestützter Trainings zur Kompetenzentwicklung für Change Manager. Dazu wird zunächst auf allgemeine Aspekte der Kompetenzentwicklung eingegangen und anschließend die Entwicklungsmöglichkeiten der Kernkompetenzen eines Change Managers analysiert.

5.1. Bewertung der Rahmenbedingungen

Unter Berücksichtigung der in Abschnitt 2.4 erläuterten Grundsätze und Rahmenbedingungen der Kompetenzentwicklung scheinen Pferdegestützte Trainings als Entwicklungsmethode durchaus geeignet. Gemäß den Grundsätzen der Kompetenzentwicklung können im Training Situationen geschaffen werden, in denen sich die Teilnehmer bewusst mit der Umwelt auseinander setzen und selbstständig Lösungsansätze entwickeln müssen. Durch das unmittelbare Feedback der Pferde kann die Wirkung unterschiedlichen Verhaltens ausprobiert und somit eigene Erfahrungen gewonnen werden. Des Weiteren ermöglicht das Lernen mit Tieren emotionale Labilisierung. Die unbekannte Umgebung sowie der Kontakt zu den Tieren stellen die Teilnehmer vor völlig neue Herausforderungen und Situationen, in denen sie als Person überzeugen müssen. Schwächen oder Ängste können hier nicht durch Äußerlichkeiten oder Sprache verdeckt werden. Das unmittelbare Feedback der Pferde zeigt Abweichungen zur Selbstwahrnehmung schonungslos auf und trägt zum Überdenken des bisherigen

Verhaltens bei. Tiere sprechen Menschen auf einer emotionalen Ebene an, wodurch ein veränderter Bewusstseinszustand erreicht wird, der sich positiv auf den Lernerfolg auswirken kann. Der Stall und die Reithalle als Lernumgebung ermöglichen eine Abgrenzung zum Arbeitsalltag und schaffen somit gute Rahmenbedingungen zur Kompetenzentwicklung.[133] Insgesamt kann also ein emotions- und motivationsaktivierender Lernprozess ermöglicht werden.

Kritisch zu beurteilen sind jedoch mögliche Ängste der Teilnehmer vor dem Kontakt mit den Pferden. Können diese nicht abgebaut werden, ist ein Lernprozess nahezu unmöglich. Umso größer kann jedoch der Trainingserfolg sein, wenn die Teilnehmer sich den unbekannten Handlungssituationen stellen und anfängliche Ängste überwunden werden können.

Das Training orientiert sich an der Methodik der Erlebnispädagogik und baut auf den Phasen Aktion, Reflexion und Transfer auf, wodurch ein kontinuierlicher Lernprozess ermöglicht wird. Aktion erfolgt durch die einzelnen Übungen, in denen die Teilnehmer neue Handlungs- und Verhaltensweisen erproben können. Reflexion wird durch die unterschiedlichen Feedbackebenen ermöglicht. An dieser Stelle ist kritisch anzumerken, dass besonders Pferdekenner häufig Schwierigkeiten haben, das Pferd in der Rolle des Feedbackgebers zu sehen. Aufgrund ihrer Vorkenntnisse versuchen sie ihr Pferdewissen unter Beweis zu stellen und das Pferd „zu erziehen", wodurch das eigentliche Trainingsziel und die Selbstreflexion in den Hintergrund treten.[134] Entscheidend für einen nachhaltigen Trainingserfolg ist der Transfer in das berufliche Umfeld. Die

---

[133] vgl. Lipkowski & Gloger, 2007, S. 44 f.
[134] vgl. Stapelfeld, 2007 S. 12

Teilnehmer müssen in der Lage sein, die Erfahrungen mit den Pferden auf reale Situationen aus dem Berufsalltag zu übertragen. Die Gemeinsamkeiten zwischen Mensch und Pferd können diesen Prozess unterstützen. Des Weiteren können regelmäßige Reflexions- und Feedbackphasen den Transfer sicherstellen.

5.2. Gegenüberstellung Training und Kernkompetenzen

Um die Möglichkeiten der Entwicklung der Kernkompetenzen eines Change Managers zu analysieren, werden nachfolgend die Indikatoren kompetenten Verhaltens[135] noch einmal aufgegriffen und dem im Training erforderlichem Verhalten gegenübergestellt. Dabei wird gemäß den Grundlagen der Kompetenzentwicklung davon ausgegangen, dass durch die Anwendung bestimmter Verhaltensweisen Erfahrungen gesammelt werden, die später in ähnlichen Situationen herangezogen werden können und somit zur Kompetenzentwicklung beitragen.

---

[135] vgl. Abschnitt 2.3

Veränderungsbereitschaft

Indikatoren	Verhalten im Training
treibt Veränderungen aktiv voran	-----
reagiert offen auf Veränderungen	offen für die ungewöhnliche Trainingssituation sein
nutzt Veränderungen zur persönlichen Weiterentwicklung	Verhaltensänderungen ausprobieren und reflektieren
weicht unbekannten Problem- und Handlungssituationen nicht aus	sich den unbekannten Problem- und Handlungssituationen mit den Pferden stellen

Abb. 14: Gegenüberstellung Veränderungsbereitschaft[136]

In Abb. 14 wird deutlich, dass die Teilnahme an diesem eher ungewöhnlichen Trainingskonzept ein gewisses Maß an Offenheit und Bereitschaft erfordert, sich den unbekannten Handlungssituationen zu stellen. Die Pferde ermöglichen durch das unmittelbare Feedback die Wirkung von Verhaltensänderungen zu erproben. Dadurch sammeln die Teilnehmer die Erfahrung, dass ein gewisses Maß an Veränderungsbereitschaft erforderlich ist, um in neuen Situationen erfolgreich handeln zu können. Inwieweit diese Erfahrung zur Entwicklung der Veränderungsbereitschaft beiträgt, lässt sich hier nicht eindeutig bestimmen.

---

[136] eigene Darstellung

Kommunikationsfähigkeit

Indikatoren	Verhalten im Training
drückt sich klar und verständlich aus	klarer Ausdruck der inneren Absicht (nonverbal)
formuliert logisch und nachvollziehbar	-----
hört aufmerksam zu	dem Pferd Aufmerksamkeit entgegenbringen und nonverbale Signale wahrnehmen
lässt Gesprächspartner ausreden	-----
vermeidet Redundanzen	-----
fokussiert das Thema	-----
sogt für positives Gesprächsklima (Smalltalk, Gestik, Mimik)	friedliche, entspannte Körperhaltung
verwendet stimmige Gestik und Mimik	Übereinstimmung der inneren Absicht und des äußeren Verhaltens
geht offen auf Menschen zu (einladende Gestik)	freundliches und selbstsicheres Auftreten, um Kontakt zum Pferd aufzubauen
hält Kontakt zum Gesprächspartner (verbal u. nonverbal)	dem Pferd Aufmerksamkeit entgegenbringen, um Kontakt zu halten

Abb. 15: Gegenüberstellung Kommunikationsfähigkeit[137]

Die Gegenüberstellung in Abb. 15 verdeutlicht, dass die Entwicklung der Kommunikationsfähigkeit nur im nonverbalen Bereich möglich ist. Pferde sowie Menschen nutzen Kommunikation, um Informationen auszutauschen. Dies erfordert eine klare, logische und nachvollziehbare Ausdrucksweise bzw. Körpersprache. Was bei Menschen auf der verbalen und nonverbalen Ebene erfolgt, findet bei Pferden nur nonverbal statt.[138] Daher lassen sich diese Aspekte im Training besonders gut schulen.

---

[137] eigene Darstellung
[138] vgl. Abschnitt 3.1

Motivationsfähigkeit

Indikatoren	Verhalten im Training
setzt herausfordernde Ziele	-----
gibt Rückmeldung durch Lob und Anerkennung	Rückmeldung geben durch Lob
hat eine positive, mitreißende Ausstrahlung	aufrechte Körperhaltung und kraftvoller Gang
zeigt Interesse	dem Pferd Aufmerksamkeit schenken
bemerkt Fortschritte und erkennt diese an	bei gewünschtem Verhalten loben
betont Stärken anstatt Fehler und Schwächen	-----
sucht Lösungen nicht Schuldige	neue Lösungswege suchen, wenn das gewünschte Verhalten beim Pferd nicht erreicht wird
traut anderen etwas zu	dem Pferd Vertrauen entgegenbringen und Freiraum lassen
ist geduldig	geduldig bleiben

Abb. 16: Gegenüberstellung Motivationsfähigkeit[139]

Abb. 16 zeigt, dass sich im Training einige Aspekte der Motivationsfähigkeit wieder finden. Hohe Leistungsbereitschaft setzt bei Menschen sowie bei Pferden voraus, dass sie etwas freiwillig tun und dafür Lob und Anerkennung erfahren.[140] Ein Pferd, das unter Zwang und Druck zur Leistung aufgefordert wird, ist nur widerwillig zur Zusammenarbeit bereit. Ähnlich verhält es sich bei Mitarbeitern. Motivation bedeutet daher auch Vertrauen entgegenzubringen und Freiraum zu schaffen.[141]

---

[139] eigene Darstellung
[140] vgl. Osterhammel, 2005, S. 17
[141] vgl. Osterhammel, 2005, S. 95

Konfliktfähigkeit

Indikatoren	Verhalten im Training
erkennt Interessenkonflikte	-----
weicht Konflikten nicht aus	Konflikten nicht ausweichen
kann eigenen Standpunkt verständlich darstellen	-----
toleriert andere Meinungen	-----
ist sicher im Auftreten	selbstsicher auftreten
bleibt ruhig und sachlich	geduldig bleiben
ist bereit Kompromisse einzugehen	-----
bleibt als Mediator neutral	-----

Abb. 17: Gegenüberstellung Konfliktfähigkeit[142]

Unter Pferden sowie unter Menschen können Konflikte entstehen. Die Gegenüberstellung in Abb. 17 verdeutlicht jedoch, dass konfliktfähiges Verhalten im Training kaum gefördert werden kann. Die auftretenden Konfliktsituationen sind nicht ausreichend auf Situationen im Change Management übertragbar, da hier überwiegend verbale Fähigkeiten zur Konfliktlösung erforderlich sind.

---

[142] eigene Darstellung

Einfühlungsvermögen

Indikatoren	Verhalten im Training
beobachtet andere aufmerksam	Verhalten des Pferdes aufmerksam beobachten
hört aufmerksam zu	dem Pferd Aufmerksamkeit entgegenbringen und nonverbale Signale wahrnehmen
passt sich im Verhalten und in der Sprache dem Gegenüber an	Verhalten an die individuellen Eigenschaften der Pferde anpassen
nimmt nonverbale Signale bewusst wahr	nonverbale Signale bewusst wahrnehmen
interessiert sich für die Sichtweisen anderer	-----
kann sich in andere hineinversetzen und eine Erklärung für ihr Verhalten finden	in die Pferde hineinversetzen
ist sich des eigenen Verhaltens und Wirkung bewusst	eigene Körpersprache bewusst einsetzen, um die gewünschte Reaktion zu erhalten
reflektiert kritisch das eigene Verhalten	kritisch das eigene Verhalten reflektieren

Abb. 18: Gegenüberstellung Einfühlungsvermögen[143]

Die Gegenüberstellung in Abb. 18 zeigt, dass nahezu alle Aspekte des Verhaltens im Training Anwendung finden. Wie bereits deutlich wurde, erfordert der Umgang mit Pferden ein ausgeprägtes Einfühlungsvermögen.[144] Werden unterschiedliche Bedürfnisse nicht wahrgenommen und berücksichtigt, kann keine gemeinsame Arbeitsbasis geschaffen sowie Widerstand nicht erkannt und abgebaut werden. Dies kann auch auf den Umgang mit Menschen übertragen werden.[145]

---

[143] eigene Darstellung
[144] vgl. Abschnitt 4.2
[145] vgl. Abschnitt 2.3.5

Zielorientierung

Indikatoren	Verhalten im Training
richtet eigene Handlung an klaren Zielen aus	zielorientiert und entschlossen handeln
verliert das Ziel nicht aus den Augen	Ziel nicht aus den Augen verlieren
setzt realistische Ziele	realistische Ziele setzen
gibt Ziele verständlich und plausibel an andere weiter	-----
setzt Meilensteine	Meilensteine setzen
erkennt die Notwendigkeit von Zielanpassungen, wenn die Zielerreichung nicht mehr gewährleistet ist	Notwendigkeit von Zielanpassungen erkennen, wenn die Zielerreichung nicht mehr gewährleistet ist

Abb. 19: Gegenüberstellung Zielorientierung[146]

Im Training mit Pferden sind nahezu alle Aspekte der Zielorientierung von Bedeutung. In Abb. 19 wird jedoch deutlich, dass es hier nicht um die verbale Weitergabe von Zielen geht, sondern sich selber Ziele zu setzen und diese zu verfolgen. Das Führen von Pferden erfordert eine klare Zielvorstellung, denn diese spiegelt sich im Verhalten durch Entschlossenheit und Sicherheit wider. Auch im Unternehmensumfeld wirken Ziele richtungsweisend und tragen maßgeblich zum Erfolg bei.

---

[146] eigene Darstellung

Glaubwürdigkeit

Indikatoren	Verhalten im Training
gibt Informationen und Sachverhalte zutreffend weiter	-----
wirkt authentisch	authentisch wirken, um Vertrauen zu schaffen
vermittelt Sicherheit und Stabilität	Sicherheit und Stabilität vermitteln
nimmt die Konsequenzen der eigenen Entscheidungen wahr	-----
räumt eigene Fehler und Schwächen ein und ist bereit die eigene Sichtweise anzupassen	eigene Fehler und Schwächen erkennen und eigenes Verhalten anpassen

Abb. 20: Gegenüberstellung Glaubwürdigkeit[147]

Glaubwürdigkeit ist eine Grundvoraussetzung im Umgang mit Pferden und zugleich ein wichtiger Erfolgsfaktor in Veränderungsprozessen. Fehlende Glaubwürdigkeit kann Misstrauen fördern und zur Entstehung von Widerständen beitragen.[148] Die Gegenüberstellung in Abb. 20 verdeutlicht, dass im Training nur die nonverbalen Aspekte gefördert werden können. Hierzu gehört vor allem Authentizität, ohne die keine Vertrauensbasis geschaffen werden kann.

---

[147] eigene Darstellung
[148] vgl. Abschnitt 1.2.1

Durchsetzungsvermögen

Indikatoren	Verhalten im Training
kann eigene Meinung gegenüber anderen vertreten	-----
kann argumentativ überzeugen	-----
bleibt konsequent	konsequent bleiben
weicht Konflikten nicht aus	Konflikten nicht ausweichen
hat Respekt vor anderen und wird respektiert	Pferde respektieren, um respektiert zu werden
kann sich in der Gruppe behaupten	präsent sein

Abb. 21: Gegenüberstellung Durchsetzungsvermögen[149]

Abb. 21 zeigt, dass auch hier nur die nonverbalen Aspekte zum Tragen kommen. Durch die Pferde wird deutlich, dass Druck und Machtausübung keine Stärke der Durchsetzungskraft sind, sondern eher Gegendruck bewirken. Pferde können vielmehr durch respektvollen Umgang von der vorgegebenen Richtung überzeugt werden.[150] Diese Form der Durchsetzungskraft kann auch auf Menschen übertragen werden.[151]

Durch die Gegenüberstellung der Indikatoren kompetenten Verhaltens und des erforderlichen Verhaltens im Training wurde deutlich, dass jeweils nur Teilaspekte der Kernkompetenzen eines Change Managers entwickelt werden können. Dies ist vor allem auf die fehlenden verbalen Komponenten zurückzuführen. Pferdegestützte Trainings eignen sich daher besonders zur Entwicklung des Einfühlungsvermögens, der Motivationsfähigkeit und der nonverbalen Kommunikationsfähigkeit. Des Weiteren kann Authentizität als wichtiger Aspekt der

---

[149] eigene Darstellung
[150] vgl. Abschnitt 0
[151] vgl. Abschnitt 2.3.8

Glaubwürdigkeit gefördert werden, da Pferde aufgrund ihrer ausgeprägten Wahrnehmung sensibel auf Differenzen zwischen Absicht und Handlung reagieren. Die Entwicklung der Zielorientierung und des Durchsetzungsvermögens ist aufgrund der fehlenden verbalen Aspekte nur bedingt möglich. Konfliktfähigkeit kann dagegen kaum entwickelt werden, da keine realitätsnahe Konfliktsituation geschaffen werden kann. Inwieweit Veränderungsbereitschaft entwickelt werden kann, lässt sich nicht eindeutig feststellen.

Unabhängig von den analysierten Kompetenzen wurde deutlich, dass das Training durch das unmittelbare und ehrliche Feedback der Pferde besonders zur Sensibilisierung der Selbstwahrnehmung beiträgt.

6. Schlussbetrachtung

6.1. Zusammenfassung

Durch die zunehmende Veränderungsgeschwindigkeit stehen Unternehmen und Manager vor neuen Herausforderungen. Es wurde deutlich, dass die Menschen im Unternehmen maßgeblich von Veränderungen betroffen sind und somit emotionale und psychologische Faktoren eine bedeutende Rolle spielen. Anhand der Phasen der Veränderung konnte aufgezeigt werden, dass Menschen zunächst mit Ablehnung reagieren. Diese Reaktion wird jedoch durch individuelle Erfahrungen und die Persönlichkeit beeinflusst. Interessenkonflikte und Widerstände führen daher häufig zu Umsetzungsproblemen. Die Menschen werden zum kritischen Erfolgsfaktor. Somit ist es erforderlich, dass der Change Manager, der Veränderungsprozesse plant, steuert und begleitet, über entsprechende Kompetenzen verfügt, die ihm den korrekten Umgang mit den emotionalen Faktoren in Veränderungsprozessen ermöglichen.

Zunächst wurden die Grundlagen der Kompetenz erläutert und Kompetenzen als Selbstorganisationsdispositionen definiert. Anschließend wurden die Kernkompetenzen eines Change Managers herausgearbeitet, näher beschrieben und Indikatoren kompetenten Verhaltens genannt. Dabei wurden folgende Kernkompetenzen ermittelt: Veränderungsbereitschaft, Kommunikationsfähigkeit, Motivationsfähigkeit, Konfliktfähigkeit, Einfühlungsvermögen, Zielorientierung, Glaub-würdigkeit und Durchsetzungsvermögen. Zur Entwicklung dieser Kompetenzen eignen sich einige Trainingsmethoden, die kurz aufgezeigt wurden. Im Wesentlichen lassen sich Kompetenzen durch den

Erwerb eigener Erfahrungen, also dem praktischen Erleben und Ausprobieren, entwickeln. Auf Basis dieser Erkenntnisse wurden Pferdegestützte Trainings, in denen Pferde als Medium und Interaktionspartner eingesetzt werden, herausgegriffen und analysiert.

Insgesamt sind Pferde als Trainingspartner durchaus geeignet. Besonders im Sozialverhalten konnten einige Gemeinsamkeiten zwischen Mensch und Pferd festgestellt werden. Durch ihre hoch entwickelten Sinne nehmen Pferde kleinste Verhaltensänderungen wahr. Diese sensible Wahrnehmung macht sie zum Spiegel des eigenen Verhaltens und zum idealen Feedbackgeber. Ihre Reaktion erfolgt immer ehrlich, direkt und situationsgebunden. Das Trainingskonzept lässt sich in den Bereich der Erlebnispädagogik einordnen. Die Methodik basiert auf erfahrungs- und handlungsorientiertem Lernen und entspricht somit den Grundgedanken der Kompetenzentwicklung. Anschließend wurde das Trainingskonzept am Beispiel des Seminaranbieters „Die Pferdeakademie" vorgestellt und einzelne Übungen sowie wichtige Verhaltensaspekte der Teilnehmer im Training erläutert. Anhand des Trainingskonzepts wurde deutlich, dass Lernen im Wechsel von Aktion, Reflexion und Transfer erfolgt. Dadurch wird gewährleistet, dass die neuen Erfahrungen verinnerlicht und auf reale Situationen im Berufsalltag übertragen werden können.

Um die Möglichkeiten und Grenzen der Kompetenzentwicklung durch Pferdegestützte Trainings aufzuzeigen, wurden zunächst allgemeine Aspekte der Kompetenzentwicklung bewertet. Anschließend erfolgte eine Gegenüberstellung der Verhaltensindikatoren der Kernkompetenzen eines Change Managers mit dem im Training erforderlichen Verhalten. Das Training mit Pferden ermöglicht das bewusste Erleben der eigenen Wirkung und das Ausprobieren unterschiedlichen Verhaltens. Grundsätzlich kann dieses Trainingskonzept die Rahmenbedingungen der Kompetenzentwicklung erfüllen. Die Entwicklung der Kernkompetenzen eines Change Managers ist jedoch aufgrund der fehlenden verbalen Aspekte nur bedingt möglich.

6.2. Fazit

Ziel dieser Studie ist, die Einsatzmöglichkeiten und Grenzen Pferdegestützter Trainings zur Kompetenzentwicklung für Change Manager aufzuzeigen.

Die Möglichkeiten des Trainings liegen vor allem im Feedback der Pferde, wodurch die Teilnehmer eine unmittelbare und unverfälschte Reaktion auf ihr Verhalten und ihre Wirkung erhalten. Hier liegt auch der wesentliche Unterschied zu anderen Trainingsmethoden, wie z. B. Rollenspielen. Das Feedback der Pferde lässt keinen Interpretationsspielraum zu. Sie reagieren immer im Hier und Jetzt, es erfolgt keine Reflexion des Verhaltens. Der Teilnehmer hat dadurch die Möglichkeit noch in der gleichen Situation unterschiedliche Lösungsansätze auszuprobieren. Des Weiteren kann durch die Pferde eine optimale Lernumgebung geschaffen werden, da sie die Teilnehmer auf einer emotionalen Ebene ansprechen. Insgesamt kann durch das Trainingskonzept intensives Erfahrungslernen ermöglicht werden. Die Entwicklungsmöglichkeiten spezifischer Teilkompetenzen eines Change Managers liegen in den nonverbalen und emotionalen Aspekten. Besonders geeignet sind

Pferdegestützte Trainings zur Förderung des Einfühlungsvermögens, nonverbaler Kommunikationsfähigkeit sowie der Motivationsfähigkeit und der Authentizität.

Die Grenzen des Trainings liegen in den fehlenden Entwicklungsmöglichkeiten der verbalen Komponenten. Daher können
meistens nur Teilaspekte der einzelnen Kompetenzen gefördert werden. Kritischer Erfolgsfaktor ist die Transferleistun-
gen, die die Teilnehmer erbringen müssen, um die Erfahrungen aus dem Training in den Berufsalltag zu übertragen.
Aufgrund der evolutionären Unterschiede zwischen Mensch
und Tier können keine vollständig identischen Situationen geschaffen werden. Des Weiteren können Menschen in der Realität unehrlich sein und ihr Handeln an verdeckten Motiven aus-
richten. Pferde sind dagegen immer ehrlich. Dennoch wurde
deutlich, dass einige Parallelen zwischen dem situativen Verhalten der Pferde und des Menschen bestehen. Um den Transfer im Training zu gewährleisten, sind daher methodische Hil-
festellungen erforderlich, z. B. durch moderierte
Feedbackrunden. Des Weiteren ist anzumerken, dass dieses
Trainingskonzept nicht für jeden geeignet ist, da es ein gewisses Maß an Offenheit und Mut erfordert, sich auf das Training
mit den Pferde einzulassen.

Insgesamt können die Teilnehmer wertvolle Erfahrungen im
Training sammeln, die sie im Berufsalltag anwenden können
und zur Kompetenzentwicklung beitragen. Da eine ganzheitli-
che Entwicklung der Kernkompetenzen eines Change Managers nicht möglich ist, sollte dieses Training jedoch nie allein
stehen und durch weitere Entwicklungsmaßnahmen sinnvoll
ergänzt werden.

Literaturverzeichnis

Becker, Manfred (2009). *Personalentwicklung: Bildung, Förderung und Organisationsentwicklung in Theorie und Praxis.* 5. Auflage. Stuttgart: Schäffer-Poeschel.

Bergmann, Bärbel (2000). Arbeitsimmanente Kompetenzentwicklung. In: Bergmann Bärbel et al.. *Kompetenzentwicklung und Berufsarbeit.* (S. 11-40). Münster et al.: Waxmann.

Bergmann, Gustav, Daub, Jürgen & Meurer, Gerd (2006*). Metakompetenzen und Kompetenzentwicklung.* QUEM-report. Schriften zur beruflichen Weiterbildung (Heft 95/Teil II). http://www.abwf.de/content/main/publik/report/2006/re port-095-teil2.pdf (Zuletzt besucht: 04.05.2011).

Bergmann, Gustav & Daub, Jürgen (2008). *Systemisches Innovations- und Kompetenzmanagement. Grundlagen – Prozesse – Perspektiven.* 2. Auflage. Wiesbaden: Gabler.

Berner, Winfried (2007). *Die Psychologie der Veränderung. Ermutigung: Wirksame Förderung der Veränderungsbereitschaft.* http://www.umsetzungsberatung.de/psychologie/ermutig ung.php (Zuletzt besucht: 04.05.2011).

Business-on (2010). Führungspersönlichkeit entwickeln mit Trainer Pferd. *Business-on. Wirtschaft und Business aus der Region Hamburg.*

http://www.business-on.de/hamburg/pferdeakademie-
trainerin-seminar-verhalten-fuehrung-erfahrung-
_id23993.html (Zuletzt besucht: 04.05.2011).

Capgemini Consulting (Hrsg.) (2008). *Change Management
Studie 2008.*
http://www.de.capgemini.com/insights/publikationen/ch
ange_managementstudie_2008/ (Zuletzt besucht:
04.05.2011).

Capgemini Consulting (Hrsg.) (2010). *Change Management
Studie 2010.*
http://www.de.capgemini.com/insights/publikationen/ch
ange-management-studie-2010/ (Zuletzt besucht:
04.05.2011).

Change (2002). Def. 2. In: Langenscheidt. *Power Dictionary
Englisch.* Berlin; München: Langenscheidt.

Crisand, Ekkehard (2002). *Soziale Kompetenz als persönlicher
Erfolgsfaktor.* Arbeitshefte Führungspsychologie (Band
41). Heidelberg: Sauer.

Deutsche Gesellschaft für Personalführung [DGFP] (2010).
*Change Management - Veränderungsprozesse aus der
Sicht des Personalmanagements. Befragungsergebnisse*
(Praxis Papier 1/2010). Düsseldorf: DGFP.
http://www.dgfp.de/de/content/articles/change-
management-veraenderungsprozesse-aus-sicht-des-
personalmanagements-befragungsergebnisse-1515/ (Zuletzt besucht: 04.05.2011).

Doppler, Klaus & Lauterburg, Christoph (2008). *Change Management. Den Unternehmenswandel gestalten.* 12. Auflage. Frankfurt, M.; New York: Campus.

Erpenbeck, John & Heyse, Volker (2007). *Die Kompetenzbiographie. Wege der Kompetenzentwicklung.* 2. Auflage. Münster et al.: Waxmann.

Erpenbeck, John & Rosenstiel, Lutz von (2007a). Vorbemerkung zur 2. Auflage. In: Erpenbeck, John & Rosenstiel, Lutz von (Hrsg.). *Handbuch Kompetenzmessung. Erkennen, verstehen und bewerten von Kompetenzen in der betrieblichen, pädagogischen und psychologischen Praxis.* 2. Auflage (S. XI-XV). Stuttgart: Schäffer-Poeschel.

Erpenbeck, John & Rosenstiel, Lutz von (2007b). Einführung. In: Erpenbeck, John & Rosenstiel, Lutz von (Hrsg.). *Handbuch Kompetenzmessung. Erkennen, verstehen und bewerten von Kompetenzen in der betrieblichen, pädagogischen und psychologischen Praxis.* 2. Auflage (S. XVII-XLVI). Stuttgart: Schäffer-Poeschel.

Gattermeyer, Wolfgang & Al-Ani, Ayad (Hrsg.) (2001). *Change-Management und Unternehmenserfolg. Grundlagen - Methoden - Praxisbeispiele.* 2. Auflage. Wiesbaden: Gabler.

Gries, Sabine (2004). *Kompetenzentwicklung Live. Erlebnis Lernen und das Feedback der Pferde.* Erziehungswissenschaft (Band 19). Landau: Verlag Empirische Pädagogik.

Hendrich, Fritz (2003). *Horse Sense: oder wie Alexander der Große erst ein Pferd und dann ein Weltreich eroberte. Drei Schritte zum Charisma der Führung.* Wien: Signum-Wirtschaftsverlag.

Heyse, Volker (2007). Strategien - Kompetenzanforderungen - Potenzialanalysen. In: Heyse, Volker & Erpenbeck, John (Hrsg.). *Kompetenzmanagement: Methoden, Vorgehen, KODE® und KODE®X im Praxistest* (S. 11-179). Münster et al.: Waxmann.

Heyse, Volker & Erpenbeck, John (2009). *Kompetenztraining. 64 modulare Informations- und Trainingsprogramme für die betriebliche, pädagogische und psychologische Praxis.* 2. Auflage. Stuttgart: Schäffer-Poeschel.

Hülshoff, Theo et al. (2010). Lernpsychologie. In: Negri, Christoph (Hrsg.). *Angewandte Psychologie für die Personalentwicklung: Konzepte und Methoden für Bildungsmanagement, betriebliche Aus- und Weiterbildung* (S. 70-113). Berlin; Heidelberg; New York: Springer.

Jung, Hans (2011). *Personalwirtschaft.* 9. Auflage. München: Oldenbourg.

Kanning, Uwe Peter (2005). *Soziale Kompetenzen. Entstehung, Diagnose und Förderung.* Praxis der Personalpsychologie (Band 10). Göttingen et al.: Hogrefe.

Kauffeld, Simone (2006). *Kompetenzen messen, bewerten, entwickeln: ein prozessanalytischer Ansatz für Gruppen.* Betriebswirtschaftliche Abhandlungen (Band 128). Stuttgart: Schäffer-Poeschel.

Kiel, Volker (2010). Wandel in Organisationen – Grundlagen und Prinzipien des Change Managements aus systemischer Perspektive. In: Negri, Christoph (Hrsg.). *Angewandte Psychologie für die Personalentwicklung: Konzepte und Methoden für Bildungsmanagement, betriebliche Aus- und Weiterbildung* (S. 413-439). Berlin; Heidelberg; New York: Springer.

Klieme, Eckhard, Maag-Merki, Katharina & Hartig, Johannes (2007). Kompetenzbegriff und Bedeutung von Kompetenzen im Bildungswesen. In: Hartig, Johannes & Klieme, Eckhard (Hrsg.). *Möglichkeiten und Voraussetzungen technologiebasierter Kompetenzdiagnostik.* Bildungsforschung (Band 20, S. 5-15). http://www.bmbf.de/publikationen/index.php#pub (Zuletzt besucht: 04.05.2011).

Kolzarek, Barbara & Lindau-Bank, Detlev (Hrsg.) (2007). *Mit Pferden lernen. Pferde als Kommunikationsmedium: motivieren, Ziele setzen, führen, entscheiden.* Personal und Organisation (Band 24). Berlin: Lit.

Kompetenz (2006). Def. 1. In: Duden. *Die deutsche Rechtschreibung.* 24. Auflage. Band 1. Mannheim: Bibliographisches Institut.

Kostka, Claudia & Mönch, Annette (2009). *Change Management: 7 Methoden für die Gestaltung von Veränderungsprozessen.* 4. Auflage. München: Carl Hanser.

Kraus, Georg, Becker-Kolle, Christel & Fischer, Thomas (2006). *Handbauch Change Management: Steuerung von Veränderungsprozessen in Organisationen. Einflussfaktoren und Beteiligte. Konzepte, Instrumente und Methoden.* 2. Auflage. Berlin: Cornelsen.

Krüger, Wilfried (2009). Strategische Erneuerung: Programme, Prozesse, Probleme. In: Krüger, Wilfried. *Excellence in Change: Wege zur strategischen Erneuerung.* 4. Auflage (S. 45-116). Wiesbaden: Gabler.

Künzle, Ursula (2000). *Hippotherapie auf den Grundlagen der funktionellen Bewegungslehre Klein-Vogelbach: Hippotherapie-K, Theorie, praktische Anwendung, Wirksamkeitsnachweis.* Rehabilitation und Prävention (Band 48). Berlin et al.: Springer.

Leao, Anja & Hofmann, Mathias (Hrsg.) (2009). *Fit for Change II. 40 praxisbewährte Tools und Methoden im Change für Trainer, Moderatoren, Coaches und Change Manager.* Bonn: ManagerSeminare.

Linde, Boris von der & Schustereit, Sonja (2010). *Personalauswahl: schnell und sicher Top-Mitarbeiter finden.* 4. Auflage. Freiburg; Berlin; München: Haufe.

Linker, Wolfgang J. (2009). *Kommunikative Kompetenz: weniger ist mehr! Die Mikromuster der Impuls-Kommunikation.* Offenbach: Gabal.

Lipkowski, Sylvia & Gloger, Svenja (2007). Was lernen Manager von Hund, Vogel, Wolf? Tiere als Co-Trainer. *ManagerSeminare* (Heft 113. S. 40-47).

Negri, Christoph (2010). Erlebnisorientiertes Lernen und Out-door-Training. In: Negri, Christoph (Hrsg.). *Angewandte Psychologie für die Personalentwicklung. Konzepte und Methoden für Bildungsmanagement, betriebliche Aus- und Weiterbildung* (S. 205-223). Berlin; Heidelberg; New York: Springer.

Niermeyer, Rainer (2006). *Soft Skills: das Kienbaum Trainingsprogramm.* Freiburg; Berlin; München: Haufe.

Niermeyer, Rainer (2008). *Führen: die erfolgreichsten Instrumente und Techniken.* 2. Auflage. Freiburg; Berlin; München: Haufe.

Osterhammel, Bernd (2005*). Pferdeflüstern für Manager. Mitarbeiterführung tierisch einfach.* 1. Auflage. Weinheim: WILEY-VCH.

Reiß, Michael (1997). Change Management als Herausforderung. In: Reiß, Michael, Rosenstiel, Lutz von & Lanz, Anette (Hrsg.). *Change Management. Programme, Projekte und Prozesse.* USW-Schriften für Führungskräfte (Band 31, S. 5-29). Stuttgart: Schäffer-Poeschel.

Rosenstiel, Lutz von & Comelli, Gerhard (2003). *Führung zwischen Stabilität und Wandel.* München: Vahlen.

Schuler, Dario (2010). Der ehrbare Kaufmann als Veränderungsmanager. In: Griepentrog, Wolfgang. *Das Glaubwürdigkeitsprinzip: Vorbild Ehrbarer Kaufmann – ein Ratgeber für erfolgreiche Kommunikation* (S. 136-152). Berlin: Epubli.

Schwaiger, Susanne E. (2000). *Der Weg mit Pferden – Ein Weg zur mir. Das Pferd als Persönlichkeitstrainer.* Stuttgart: Franckh-Kosmos.

Sekretariat der Kultusministerkonferenz [KMK] (Hrsg.) (2007). *Handreichungen für die Erarbeitung von Rahmenlehrplänen der Kultusministerkonferenz für den berufsbezogenen Unterricht in der Berufsschule und ihre Abstimmung mit Ausbildungsordnungen des Bundes für anerkannte Ausbildungsberufe.*
http://www.kmk.org/fileadmin/veroeffentlichungen_besc hluesse/2007/2007_09_01-Handreich-Rlpl-Berufsschule.pdf (Zuletzt besucht: 04.05.2011).

Stapelfeld, Maxi (2007). *Pilotstudie zum Trainingsprogramm „Feedback by Horses – Führung (er)leben" zur Kompetenzentwicklung von Fach- und Führungskräften.* Toolbox Kompetenzmanagement (Tool 10).
http://www.kpunkt-beratung.de/cms/upload/pdf/pilotstudie-fbh.pdf (Zuletzt besucht: 04.05.2011).

Strasmann, Jochen (2010). Outdoor Training, insbesondere Teambildung und Teamentwicklung. In: Bröckermann, Reiner & Müller-Vorbrüggen, Michael (Hrsg.). *Handbuch Personalentwicklung. Die Praxis der Personalbildung, Personalförderung und Arbeitsstrukturierung.* 3. Auflage (S. 455-464). Stuttgart: Schäffer-Poeschel.

Streich, Richard K. (1997). Veränderungsprozessmanagement. In: Reiß, Michael, Rosenstiel, Lutz von & Lanz, Anette (Hrsg.). *Change Management. Programme, Projekte und Prozesse.* USW-Schriften für Führungskräfte (Band 31, S. 237-254). Stuttgart: Schäffer-Poeschel.

Truckenbrodt, Nicole & Fiegler, Jutta (2004). *Von Pferden lernen: wie der Umgang mit Pferden die Persönlichkeit entwickelt.* München; Wien; Zürich: Blv.

Vahs, Dietmar (2009). *Organisation.* 7. Auflage. Stuttgart: Schäffer-Poeschel.

Vahs, Dietmar & Weiand, Achim (2010). *Workbook Change Management: Methoden und Techniken.* Stuttgart: Schäffer-Poeschel.

Watzlawick, Paul, Beavin, Janet H. & Jackson, Don D. (2007). *Menschliche Kommunikation: Formen, Störungen, Paradoxien.* 11. Auflage. Berg: Huber.

Weh, Saskia-Maria & Enaux, Claudius (2008). *Konfliktmanagement: Konflikte kompetent erkennen und lösen.* 4. Auflage. Freiburg; Berlin; München: Haufe.

Weinert, Franz E. (2001). Vergleichende Leistungsmessung in Schulen – eine umstrittene Selbstverständlichkeit. In: Weinert, Franz E. (Hrsg.). *Leistungsmessungen in Schulen.* 2. Auflage (S. 17-32). Weinheim; Basel: Beltz.

Internetadressen:

www.abwf.de

www.bmbf.de

www.business-on.de

www.de.capgemini.com

www.dgfp.de

www.die-pferdeakademie.de

www.horse-alliance.com

www.horsedream.de

www.horse-inspiration.at

www.kmk.org

www.kolling-beratung.de

www.kpunkt-beratung.de

www.spiegelpferd.de

www.umsetzungsberatung.de

Anhang

Entscheidungsmatrix – Kernkompetenzen eines Change Managers

Anforderungen nach Kraus et al.	Pkt.	Anforderungen nach Doppler & Lauterburg	Pkt.	Anforderungen gem. Capgemini Studie	%	Pkt.	Pkt. Gesamt	Kernkompetenz
Veränderungsbereitschaft: Aufgeschlossenheit gegenüber Neuem	10						10,0	Veränderungsbereitschaft (wird hier als Grundvoraussetzung angenommen)
Ziel- und Ergebnisorientierung: Veränderungsprozesse trotz Interessenkonflikte ausdauernd vorantreiben u. zum Ziel führen	10			Zielorientierung	57%	11,4	21,4	Zielorientierung
Führungs- und Leitungsfähigkeit: Menschen situativ führen	10						10,0	
Entscheidungsfähigkeit: Alternativen abwägen, klare Entscheidungen treffen u. vertreten	10			Entscheidungsfähigkeit	20%	4,0	14,0	
Kommunikationsfähigkeit: klare, konstruktive Kommunikation, aktives Zuhören	10	Aktives Zuhören	10	Kommunikationsfähigkeit	73%	14,6	34,6	Kommunikationsfähigkeit
Motivations- und Begeisterungsvermögen: andere überzeugen und begeistern	10	Motivationsfähigkeit: andere überzeugen u. begeistern	10	Motivationsfähigkeit: sich und andere	61%	12,2	32,2	Motivationsfähigkeit
Überzeugungskraft und Durchsetzungsvermögen: Interessen darstellen, einbringen, vertreten	10			Durchsetzungsvermögen	26%	5,2	15,2	Durchsetzungsvermögen

Entscheidungsmatrix – Kernkompetenzen eines Change Managers (Fortsetzung)

Anforderungen nach Kraus et al.	Pkt.	Anforderungen nach Doppler & Lauterburg	Pkt.	Anforderungen gem. Capgemini Studie	%	Pkt.	Pkt. Ge-samt	Kernkompetenz
Verhandlungsgeschick: Einsatz von Verhandlungstechniken u. –strategien	10						10,0	
Konfliktfähigkeit: Konflikte erkennen, bewältigen, konstruktiv Kritik geben u. annehmen	10	Konfliktfähigkeit: Konflikte konstruktiv lösen	10	Konfliktfähigkeit	29%	5,8	25,8	Konfliktfähigkeit
Unternehmerische Kompetenz: unternehmerisches Denken u. Handeln, Chancen u. Risiken erkennen, Strategien entwickeln	10						10,0	
Soziale Kompetenz: Umgang mit Menschen, soziale Wahrnehmungsfähigkeit, Bewusstsein der eigenen Wirkung	10	Soziale Kompetenz: Umgang mit Menschen, soziale Wahrnehmungsfähigkeit	10	Einfühlungsvermögen	22%	4,4	24,4	Einfühlungsvermögen
Konzeptionelle Fähigkeit: Konzepte entwickeln u. beurteilen	10						10,0	
Kenntnisse im Change- und Projektmanagement: Methoden-kenntnisse, Projekte steuern und durchführen	10			Kenntnisse im Projektmanagement	25%	5,0	15,0	
Belastbarkeit: kontinuierliche Leistung trotz hoher Belastung, Komplexität u. Misserfolgen	10			Belastbarkeit	11%	2,2	12,2	

Entscheidungsmatrix – Kernkompetenzen eines Change Managers (Fortsetzung)

Anforderungen nach Kraus et al.	Pkt.	Anforderungen nach Doppler & Lauterburg	Pkt.	Anforderungen gem. Capgemini Studie	%	Pkt.	Pkt. Gesamt	Kernkompetenz
		Glaubwürdigkeit: Vertrauensbasis schaffen	10	Vertrauenswürdigkeit	29%	5,8	15,8	Glaubwürdigkeit
		Teamfähigkeit: kompetente, kooperative Zusammenarbeit in Gruppen	10	Teamfähigkeit	20%	4,0	14,0	
		Strategische Kompetenz: komplexe Zusammenhänge verstehen u. handlungsrelevante Konsequenzen ableiten	10				10,0	
		Systemkompetenz: ganzheitlich, vernetztes Denken, systemorientiertes Handeln	10				10,0	
		Chaos-Kompetenz: in komplexen, unsicheren, widersprüchlichen Situationen handlungsfähig bleiben	10	Ambiguitätstoleranz	12%	2,4	12,4	
		Prozesskompetenz: Arbeits- u. Informationsprozesse verstehen, steuern, anpassen	10				10,0	
		Integrationsfähigkeit: Teams bilden, leiten, entwickeln	10					

Entscheidungsmatrix – Kernkompetenzen eines Change Managers (Fortsetzung)

Anforderungen nach Kraus et al.	Pkt.	Anforderungen nach Doppler & Lauterburg	Pkt.	Anforderungen gem. Capgemini Studie	%	Pkt.	Pkt. Ge-samt	Kernkompetenz
				Keine Angst vor Hierarchien	20%	4,0	4,0	
				Organisationsvermögen	17%	3,4	3,4	
				Moderation	13%	2,6	2,6	
				Lernfähigkeit / Flexibilität	12%	2,4	2,4	
				Authentisches Auftreten / Selbstvertrauen	25%	5,0	5,0	
				Coaching	10%	2,0	2,0	
				Stressresistenz	7%	1,4	1,4	
				Branchen / Marktkenntnisse	6%	1,2	1,2	
				Delegationsfähigkeit	3%	0,6	0,6	

Bewertungskriterien:
Anforderung eines Autors = 10 Punkte [Pkt.]
Capgemini Studie 100 % = 20 Pkt.

Abonnement

Hiermit abonniere ich die Reihe **Beiträge zur anwendungsorientierten Unternehmensführung (ISSN 2192-0478)**, herausgegeben von Prof. Dr. Jörn Altmann und Prof. Dr. Ronald Deckert,

- ❐ ab Band # 1
- ❐ ab Band # ____
  - ❐ Außerdem bestelle ich folgende der bereits erschienenen Bände:
    #____, ____, ____, ____, ____, ____, ____, ____, ____, ____, ____

- ❐ ab der nächsten Neuerscheinung
  - ❐ Außerdem bestelle ich folgende der bereits erschienenen Bände:
    #____, ____, ____, ____, ____, ____, ____, ____, ____, ____, ____

- ❐ 1 Ausgabe pro Band   ODER   ❐ ____ Ausgaben pro Band

Bitte senden Sie meine Bücher zur versandkostenfreien Lieferung innerhalb Deutschlands an folgende Anschrift:

Vorname, Name: _____

Straße, Hausnr.: _____

PLZ, Ort: _____

*Tel. (für Rückfragen):*_____ *Datum, Unterschrift:* _____

Zahlungsart

- ❐ *ich möchte per Rechnung zahlen*
- ❐ *ich möchte per Lastschrift zahlen*

bei Zahlung per Lastschrift bitte ausfüllen:

Kontoinhaber: _____

Kreditinstitut: _____

Kontonummer: _____ Bankleitzahl: _____

Hiermit ermächtige ich jederzeit widerruflich den *ibidem*-Verlag, die fälligen Zahlungen für mein Abonnement der Reihe **Beiträge zur anwendungsorientierten Unternehmensführung (ISSN 2192-0478)** von meinem oben genannten Konto per Lastschrift abzubuchen.

Datum, Unterschrift: _____

Abonnementformular entweder **per Fax** senden an: **0511 / 262 2201** oder 0711 / 800 1889 oder als **Brief** an: *ibidem*-Verlag, Leuschnerstr. 40, 30457 Hannover oder als e-mail an: ibidem@ibidem-verlag.de

***ibidem*-Verlag**

Melchiorstr. 15

D-70439 Stuttgart

info@ibidem-verlag.de

www.ibidem-verlag.de
www.ibidem.eu
www.edition-noema.de
www.autorenbetreuung.de